Histórias que educam

Conversas sábias com um professor

Dados Internacionais de Catalogação na Publicação (CIP)
(Câmara Brasileira do Livro, SP, Brasil)

Espírito Santo, Ruy Cezar do
Histórias que educam : conversas sábias com um professor / Ruy Cezar do Espírito Santo. — São Paulo : Ágora, 2001.

Bibliografia.
ISBN 85-7183-794-5

1. Autoconhecimento — Teoria 2. Educação — Finalidade e objetivos 3. Espiritualidade I. Título.

01-3282   CDD-370.11

Índice para catálogo sistemático:
1. Educação : Finalidades e objetivos   370.11

Compre em lugar de fotocopiar.
Cada real que você dá por um livro recompensa seus autores
e os convida a produzir mais sobre o tema;
incentiva seus editores a encomendar, traduzir e publicar
outras obras sobre o assunto;
e paga aos livreiros por estocar e levar até você livros
para a sua informação e o seu entretenimento.
Cada real que você dá pela fotocópia não-autorizada de um livro
financia um crime
e ajuda a matar a produção intelectual em todo o mundo.

Histórias que educam
Conversas sábias com um professor

Ruy Cezar do Espírito Santo

EDITORA
ÁGORA

HISTÓRIAS QUE EDUCAM
Conversas sábias com um professor
Copyright © 2001 by Ruy Cezar do Espírito Santo
Direitos reservados por Summus Editorial

Capa: **BVDA – Brasil Verde**
Editoração Eletrônica: **JOIN Bureau**

1ª reimpressão

EDITORA
ÁGORA

Departamento editorial:
Rua Itapicuru, 613 – 7º andar
05006-000 – São Paulo – SP
Fone: (11) 3872-3322
Fax: (11) 3872-7476
http://www.editoraagora.com.br
e-mail: agora@editoraagora.com.br

Atendimento ao consumidor:
Summus Editorial
Fone: (11) 3865-9890

Vendas por atacado:
Fone: (11) 3873-8638
Fax: (11) 3873-7085
e-mail: vendas@summus.com.br

Impresso no Brasil

Este livro nasceu do convívio de muitos anos com meus alunos e a eles o dedico, especialmente, a meus filhos Marília, Renato, Rodrigo, Bia, Bel e Marta, que também foram alunos por muitos anos...

Sumário

Histórias que educam — 9

História que gosta de ser contada... — 15

A paz — 19

O acordar — 21

Crer em tempos novos — 25

O acolhimento — 29

O olhar — 33

A despedida — 37

Errar — 41

Educar — 45

A alegria do sonho realizado — 49

O caminhar — 53

"O Mestre Interior" — 57

Prisão — 61

Desafio da mudança — 67

O tempo	75
Ser	79
O despertar da "bela adormecida"	85
Suavidade	89
Energia feminina: sensibilidade e entrega	93
Descobrir um aluno	97
Encontro do sentido	101
O olhar maduro	105

Histórias que educam

Inspirei-me, para escrever este livro, na obra de Rachel Naomi Remen, *Histórias que curam* (Editora Ágora, 1998), em que a autora relata histórias verídicas de sua clínica, de extraordinário sabor humano.

Ocorreu-me, durante a leitura da obra, resgatar histórias de minhas salas de aula nesses mais de trinta anos de docência, acompanhadas de alguns textos poéticos, inspirados sempre nesta vivência.

Naturalmente os nomes citados serão fictícios. Os leitores que acompanham meu trabalho reconhecerão algumas referências a trechos dessas histórias contidas nos meus livros anteriores, editados pela Papirus: *Pedagogia da transgressão* (1995) e *Renascimento do sagrado na educação* (1998).

De outra parte, a passagem do milênio, recém-ocorrida, inspirou temas como "*novos tempos*", "*nova era*" e tantas outras manifestações nesse sentido.

Coerente com minha eterna busca, tanto em meu trabalho docente como no de escritor novato, vejo a retomada da questão do autoconhecimento como uma das tendências do novo século que se inicia. Isso porque a superação do paradigma cartesiano, caracterizado pela fragmentação do saber, nos vem conduzindo a uma visão holística ou de unidade da vida, como um todo.

Fritjof Capra lançou recentemente uma nova obra após vários anos de sucesso do seu famoso *Ponto de mutação*. Trata-se de *A teia da vida*, que aponta na direção aqui sugerida.

Ora, a superação da fragmentação do saber, a meu ver, implica a superação da fragmentação da personalidade humana.

Para tanto, é indispensável retomar o "Conhece-te a ti mesmo", postulado por Sócrates em outro momento da História.

Nesse sentido escrevi, em forma de poema, o texto a seguir, que servirá de fio condutor ou introdução à leitura deste livro:

Enxergando o Apocalipse

Sinais do fim de uma época...
Sinais de uma nova era...

AIDS.
Poluição dos rios e dos mares.
Do ar.
Dos alimentos.

Guerras.
Muitas guerras. Infindáveis.
Armas atômicas.
Muito dinheiro para armas.

Corrupção dos políticos.
Dos que governam.
Dos que se esperavam soluções.
Dos responsáveis.

Medo. Angústia.
Frustrações. Solidão.
Corrida às drogas.
Ao álcool.

Tentativas de fuga de si mesmo.
Dos outros.
Da própria sociedade.
O deserto está em toda parte.

Não se entende tanta miséria.
Tanta fome.
Tanta doença.
Num mundo rico de técnicas...
(e de dinheiro...).

Mergulhando na infindável catarata de produtos,
De propagandas,
De consumo desenfreado,
O Homem busca sinais.

Sinais do novo.
Espaço de vida,
Possibilidades de afeto,
De encontro.

Linhas alternativas de medicina.
Alimentação natural.
Encontros da Ciência e da Fé.
Descobertas no campo espiritual.

Sofregamente o Homem busca.
Quer entender.
Quer se entender.
Quer ser acolhido.

Busca fundamentalmente alguém.
Alguém que lhe dê as respostas.
Alguém que lhe devolva a esperança.
Que simplesmente não lhe fale do apocalipse.

Resta apenas uma esperança.
Uma possibilidade.
Que reside muito próxima.
Muito dentro.

É ele mesmo.
Seu "coração".
Sua força.
Seu Amor.

Parece simples.
Gratuito.
Sem "novidade".
(afinal o Homem é velho...)

Na verdade é a única força criativa.
É a única fonte de alegria,
De amor,
De sonhos e de esperanças.

Do "coração" do Homem
Nascem ideologias.
A Ciência,
O "mal" e o "bem".

O Homem não é "nada".
E é "tudo".
Sua consciência tudo pode Ver.
Mas pode fingir que não vê.

Abrir sua vida para uma profunda lucidez,
Para uma abertura fundamental,
Que lhe permita sentir o momento que passa,
O capítulo da História em que está inserto.

Este parece o caminho.
A luz da consciência
Aplacará as trevas,
Iluminará o limiar dos novos tempos.

História que gosta de ser contada...

Cada um de nós é uma *história* viva!

Acontecimentos rigorosamente singulares dão significância a nossos dias e quando desenvolvemos o autoconhecimento descobrimos que eles equivalem à descoberta de uma luz, que, além de iluminarem a nós mesmos, poderão iluminar o próximo.

Assim, cada educador deverá partilhar com seus alunos o seu *errar*; até porque os alunos precisam saber que sem *errar* não há aprendizado.

O aluno que *tem medo de errar* dificilmente aprenderá tanto quanto o *errante*. Costumo contar a meus alunos alguns dos meus *errares* a fim de estarmos unidos no ver e no ouvir. Digo-lhes de minha escolha inicial na carreira do Direito, antes de ingressar no caminho da Educação. Conto da primeira frustração significativa, quando iniciei uma ação de cobrança contra um professor (!), pai de muitos filhos e casado com uma professora (!)...

O oficial de justiça telefonou-me dizendo: "Doutor, não há o que penhorar na casa do professor, apenas os beliches das crianças e móveis velhos e desgastados! Mas a esposa do professor irá acertar a dívida".

De fato, alguns dias após o telefonema ela veio ao meu escritório, com a aparência de um personagem de tragédia grega, toda vestida de negro... Disse-me a professora: "Queria que o senhor soubesse que esta dívida já está paga, e o que resta é juro sobre juro do dinheiro emprestado. Saiba que seu cliente é um agiota!".

Era tão contundente seu pronunciamento! Tinha a força da verdade.

Eu era um jovem advogado e pouco sabia, ainda, dos meandros do mundo dos negócios.

Ela continuou:

"De qualquer forma, doutor, iremos pagar; honraremos nossa assinatura no documento! Porém, somente poderemos fazê-lo em dez vezes.

Liguei, então, para meu cliente comunicando-lhe o ocorrido e, ao mesmo tempo, pedindo a autorização para o acordo proposto pela outra parte. Para surpresa do aprendiz de advogado, o cliente respondeu-me ao telefone, ainda com a presença da mulher em meu escritório: "São uns vagabundos, penhore o que tiver na casa que eles pagam!".

Quando desliguei o telefone, senti que havia "morrido" um candidato a advogado.

E assim, aquele escritório, inaugurado quando eu cursava o quarto ano da Faculdade de Direito, em sociedade com um colega, foi vendido uma semana depois para outro companheiro.

Naquele momento o *errante* ganhou espaço! Aceitei o convite para fundar com outros advogados um movimento denominado Frente Nacional do Trabalho, que visava à defesa dos direitos trabalhistas. Minha primeira tarefa no grupo foi ocupar a direção de um jornal semanal que buscava defender os direitos dos mais fracos. Denominava-se *Brasil, Urgente*. Esse periódico durou pouco tempo; foi fechado com o movimento militar de março de 1964.

Assim, fui *errando* até o dia de minha primeira *aula* no tradicional Colégio de meninas, Sion, em São Paulo. Na verdade não era uma aula, mas uma palestra sobre sindicato. Lembro-me de que dizia a mim mesmo: "O que as alunas do Sion poderão querer saber sobre sindicato?".

Este prejulgamento revelou-se profundamente injusto, pois as alunas gostaram da palestra, e a diretora da escola convidou-me para assumir as aulas de uma disciplina então denominada Atualidades. Lá trabalhei durante dez anos!

Esta história é sempre partilhada com outros ingredientes que adiante mencionarei e tem o condão de provocar a empatia daqueles que me ouvem. Assim, cada um de nós terá sempre histórias de vida que em algum momento deverão ser contadas a seus alunos ou companheiros. A força de tais narrativas inspirou-me o seguinte texto:

Era uma vez uma história que gostava de ser contada

Ela sentia que aproximava as pessoas.
Somente podia ser contada quando os olhos se encontrassem.
A energia que gerava era tão forte que a história era devorada pelo fogo gerado.
A história foi se transformando assim numa luz.
Uma luz que iluminava um Encontro.

Começou a ser contada nos hospitais aos pacientes terminais e eles se aqueciam para enfrentar a idéia fria da morte próxima.

Depois era contada a pacientes graves que viam aumentadas as possibilidades de cura.

Foi levada às prisões, e pela primeira vez os presos descobriram o calor da luz gerada por alguém que se interessava por eles.

E a libertação das trevas tinha início...

Foi levada às escolas e a luz era tanta que as crianças sentiam forte desejo de guardar no mais dentro o calor desse tempo.

Foi levada ao campo de batalha, e os soldados puderam enxergar que ainda existiam seres humanos...

Foi levada aos escritórios e os funcionários sentiram uma alegria impossível, até então, na burocracia e na rotina.

Foi levada ao homem do campo que pensou que o Sol havia despontado na terra...

Foi levada ao Criador que lembrou da razão da criação.

A paz

Lembro-me de um momento, no início das aulas no Sion, em que minha visão otimista ao falar na paz, apesar dos inúmeros conflitos sempre presentes, seja no Brasil seja no mundo, provocou uma reação curiosa das alunas. Uma das meninas questionou-me: "Ruy, você fala de paz, de evolução da consciência, mas basta irmos à Praça da Sé (no centro de São Paulo) para verificar aquela massa humana, sem destino e sem futuro...".

"Muito bem", redargüi, "vamos fazer uma experiência: nesta próxima semana, antes de nossa aula, vocês irão à Praça da Sé, como estudantes de jornalismo, e entrevistarão o primeiro que passar. Apresentem-se como jornalistas e façam perguntas sobre a vida deles. Seus sonhos, suas buscas, esperanças, dores etc."

As alunas entusiasmaram-se com a idéia e lá foram...

Os resultados foram surpreendentes. Até mesmo para mim, pois ultrapassaram minhas melhores expectativas...

Elas voltaram com a convicção de que cada um era um ser singular, muitas vezes mais consciente de sua vida e daquilo que queria do que muitos de nossos parceiros da classe média...

Eram homens e mulheres vindos de longe, com projetos de vida, buscas, sonhos e esperanças. Naturalmente eram vítimas de sofrimentos e injustiças, mas ficou claro para as alunas a importância da consciência de si mesmo e uma alegria existencial, acima das circunstâncias a seu redor.

Foi uma bela experiência para as alunas, a qual posteriormente inspirou o que chamei de "Canção da Paz":

Canção da Paz

A Paz não é só como
o murmúrio da criança adormecida,
mas também o latejar da
batalha do justo.

A Paz não é a "vitória"
de um lado,
mas o encontro dos "lados",
a sintonia dos contrários.

A Paz não tem dor,
por isso é sentida como branca,
como fusão de cores,
como Luz!

A Paz é um desejo profundo
impresso no coração do Homem.
Tem passado desconhecida
porque temos vivido estranhos a nós mesmos...

A Paz é fruto do Conhecimento
do mais dentro
do dentro do dentro.

O acordar

Ainda no Sion e inspirado na experiência da Praça da Sé, convidei minhas alunas a aprender a ouvir aqueles que elas encontravam...

Para materializar a experiência, sugeria que fossem à Justiça do Trabalho na sala de espera das audiências, onde inúmeros operários aguardavam a chamada para o juiz julgar sua causa. Eu conhecia bem o ambiente, pois lá militara desde 1965 com muita assiduidade, e sabia das horas passadas naquelas salas, por aqueles que buscavam justiça.

A proposta era que as alunas se sentassem na sala de espera, como alguém que aguarda uma audiência... A conversa com os vizinhos era inexorável e as histórias contadas, incríveis...

As alunas vibravam com aquilo que ouviam e vinham relatar em sala de aula. Eram aulas de sociologia "ao vivo"...

O fulcro do trabalho era aprender a "ouvir"... Insistir no ouvir e no olhar nos olhos... A Bíblia nos diz "que temos olhos e não vemos, ouvidos e não ouvimos", mas nunca afirma que "temos boca e não falamos...". Assim, ouvir e olhar era o caminho do aprendizado.

Uma das alunas trouxe, certa vez, o seguinte relato:

Sentei-me ao lado de uma senhora com várias crianças e indaguei se eram seus filhos. Disse-me que sim e passou a contar suas dificuldades, com tantas crianças, a ponto de trazê-las a uma audiência na cidade, por não ter com quem deixá-las. Perguntei se ela tivera tantos filhos porque assim o desejara ou se nasciam como fruto de estar casada e não evitar os filhos. Respondeu-me, de forma surpreendente, que já tentara evitar engravidar muitas vezes, tanto assim, que até o marido tinha "tomado as pílulas"...

Evidente que a "história" surpreendeu a todos. Como a ignorância a respeito de questões tão simples poderia ocorrer?!

Para mim, evidenciava-se a importância de que futuras profissionais da classe média pudessem aquilatar a missão que tinham pela frente, ou seja, agir como Paulo Freire, que na época já anunciava: buscar a "conscientização" dos alfabetizandos.

Acordar

O ser humano está sujeito a um bombardeio
Produzido pelos meios de comunicação
Pela tensão permanente da velocidade dos acontecimentos.

Há um universo que nos atrai para a alienação:
As drogas, o álcool, o fumo, o consumismo, os próprios meios de comunicação
Há outro universo que nos atrai para a consciência profunda
A consciência de si mesmo
A descoberta de um espaço pessoal
A percepção da própria fragilidade
Do pouco que sabemos do essencial.

Essa descoberta de si mesmo
(Diria, esse "amor" por si mesmo)
Se transformará numa ternura pelo Outro
Numa real descoberta pelo relacionamento humano.
Um relacionamento acima do instinto
Do interesse
Da obrigação
Do laço familiar.

Um caminho árduo,
Mas o avesso de qualquer massificação
Pois passa por dentro, pelo coração, de cada caminhante.

É uma caminhada aberta àquele que acordar
Seja quem for
Esteja onde estiver!

Crer em tempos novos

Meu curso implicava uma permanente reflexão dos acontecimentos mais significativos de todo o planeta.

Certamente, os problemas relativos à violência das infindáveis guerras, da própria violência urbana ou ainda do flagelo da fome e das epidemias dominavam muitas de nossas aulas, fazendo com que as alunas buscassem entender o sentido da existência.

Lembro-me de dois episódios bastante significativos para aquele momento: o primeiro foi o convite feito ao jornalista Cláudio Bojunga, na época do *Jornal da Tarde*, para vir ao Sion falar de sua viagem à China, onde a experiência da revolução maoísta era recente, e ainda propor que as alunas assistissem ao filme *Pixote*.

A reação de alguns pais à proposta foi inteiramente contrária às intenções pretendidas pelo curso.

No caso do filme *Pixote*, lembro-me de a direção da escola marcar uma reunião com alguns pais, tendo uma das mães dito na ocasião que: "Ainda bem que eu fui junto com ela ao cinema, pois minha impressão é que o senhor pretendia 'desvirginar' minha filha...".

Reações como essas, que também encontrei no Rainha da Paz, revelavam o caráter conservador e reacionário, gestado por falsos valores religiosos.

Em seguida a tais acontecimentos, vi com alegria o papa João XXIII trazer novas luzes para o catolicismo.

Na verdade faltava uma visão integrada de valores do ser humano, independentemente de sua crença, raça, sexo ou condição social.

Credo do Fim do Século

Extrair a seiva do que passou
Trazê-la para o presente
Transformá-la
Fazê-la nova.

Inserir nosso sinal
Nossa marca
Nossa identidade
No momento que passa.

Sentir profundamente o tempo presente
O único momento possível de amor
De encontro real
De descoberta de si mesmo.

Abrir um espaço na densidade deste instante
Espaço que seja nosso
Que devo ocupar
Que devo iluminar.

Luz que vem dos olhos que olham nos olhos
Que atravessa a solidão imposta pelo anonimato
Que aquece
Que rasga a solidão do desalento.

Que deixa brilhar essa luz.
Tem o nome de vida
É sabedoria profunda
De nada saber
Mas que deixa fluir a Luz que emana do mais fundo.

Ah! Gerar um verso
É criar um universo
É transformar as cores
É harmonizar os sons.

Há uma imensa paz
Que pousa serenamente naqueles que amamos
Ela brota de uma terra desconhecida
Onde as letras, as linhas e as formas já se encontraram.

Dizer tudo isso
É dizer da imensa possibilidade de cada homem
Das infinitas formas de se encontrar a paz
Na construção da verdadeira identidade.

É tudo tão simples
É tão imenso
Cabe num verso
E transborda o universo conhecido.

Sim, a cada gesto criador
O universo se amplia
No incrível impulso do amor
Daí nascido.

Ah! Se os homens soubessem
Da indizível alegria escondida no seio de sua verdade
Nas sombras de sua luz
No potencial de seu amor.
Fica o apelo
O grito nesta undécima hora
De tanta dor e violência
De choro e descrença.

Fica este apelo
Entrecortado de sonhos
Esperanças
Mas fundamentalmente de crenças.

O acolhimento

Acolher o aluno em sala de aula foi um aprendizado que começou cedo em meu magistério.

Dizia-me sempre que a matéria de que mais gostamos é a daquele professor que nos acolheu...

No início dos anos 1970, no então Ginásio Rainha da Paz, nas aulas de ensino religioso, que iniciava com os alunos da 7ª série, meu esforço era o de acolher os alunos... (posteriormente trabalhei com os alunos a partir da 5ª série).

Fazia-o ainda sem muita experiência docente, pois era um iniciante nas artes do magistério.

A lição que aprendi foi que na tentativa de identificar os alunos pelos nomes e, na dificuldade de memorizar cada um deles, criava "apelidos". Não era algo planejado ou intencional, diria que era fruto de uma intuição da necessidade de identificar cada um.

Pois bem, um dia, na hora do recreio, quando tomava café no bar do pátio, um dos alunos puxa a manga do meu avental e, olhando-me fixamente, diz: "Ruy, por que só para mim você não dá um nome?".

A emoção impediu uma resposta imediata, mas a lição ficou...

Encontro

O primeiro olhar
O brilho da descoberta
O medo do desconhecido
A vontade de ser aceito.

A busca do entendimento
A dúvida própria da idade
O desafio inexorável da idade
O cansaço de tantos olhares hoje...

O risco do "olhar de cima"
O perigo do "olhar submisso"
O "ver" além do tecido miraculoso dos olhos
O "deixar-se ver".

A dificuldade do "ver-se" em primeiro lugar
O "saber-se" tantas vezes "cego conduzindo cegos"
Não obstante tentar "enxergar"
Buscando a luz mais dentro de si mesmo...

Saber-se Um com seus educandos
Tendo a certeza do desafio da reciprocidade
Saber do mistério da verdadeira comunicação
E da sua fantástica necessidade.

Construir no dia-a-dia o sabor do estar junto
Que se perpetuará no tempo
Talvez nem tanto para o mestre
Mas seguramente para o discípulo.

Fazê-los atravessar a ponte,
Já sabendo que ela será retirada
Fazer da sua disciplina
O ponto de contato com a Vida.

Assim, falar do relacionamento professor-aluno
É falar do próprio mistério do ensinar e do saber.

O olhar

Ainda quanto ao tema acolhimento, eis um episódio do primeiro dia de aula no mesmo Ginásio Rainha da Paz, sem esquecer que o jovem professor que iniciara alguns anos antes, lecionando temas da atualidade, agora se deparava com alunos mais jovens, tendo de enfrentar o desafio do então chamado "ensino religioso"...

Nessa perspectiva deparei no primeiro dia com o semblante desafiador daqueles que passaria a encontrar certo tempo...

Ao entrar na classe a balbúrdia não poderia ser maior... Gritos, alunos fora de seus lugares, provocações...

Algo me fez calar. Sentei-me à mesa destinada aos professores e passei a olhá-los longamente, buscando seus olhos...

Meu silêncio passou a ser "provocador"...

Aos poucos, cada um que permitia o cruzamento de seu olhar com o meu procurava seu lugar, e após "longos três minutos" ouvia-se um "pssssss" emitido pelos possíveis líderes da classe.

O silêncio tornou-se amplo.

Olhei bem para cada um deles e disse pausadamente: "Aconteceu aqui algo muito importante. Diante de um 'fato novo' as pessoas podem ter três atitudes: interessar-se pelo fato novo, participando dele, criticá-lo ou manter-se indiferente. A única atitude condenável é a indiferença, a omissão! Vocês criticaram! Recebi vaias, gritos e protestos. Aqueles que criticam têm todo o direito de fazê-lo, porém há uma obrigação: é preciso dizer o porquê da crítica! Vocês nem me conhecem!".

Após um intenso silêncio, uma aluna levanta a mão (observem a diferença!) e ao lhe ser dada a palavra diz: "Religião é papo furado...".

Meu curso e o profundo encontro com aqueles alunos teve início ali, com minha proposta: "Posso também estar de acordo, vamos ouvir suas razões...".

Olhar

Olhar profundamente
No mais dentro dos olhos
Perceber o invisível
Que é expresso.

Saber do acolhimento
Da busca
Do encontro profundo
Além do tempo...

Os olhos nos dizem do Agora
Nos trazem ao presente
Nos situam na relação
Na relação compassiva.

Buscar o outro
É buscar seu olhar
É descobrir a Luz
É deixá-la iluminar...

Acender a luz
É olhar e deixar-se ver...
Intensamente.

A despedida

Como já mencionei a chegada ao Rainha da Paz, falarei da saída de uma turma.

Não era muito fácil. Criei, nos quase dez anos de trabalho, relações bastante profundas com alguns colegas, que perduram até hoje, e com os alunos, "encontros" que denominava nas despedidas de meus textos de "até sempre"...

De fato, reencontrá-los, ainda hoje, é sempre uma festa...

Junto com um grupo de professores mais próximo, iniciei uma atividade que na época ainda não era comum, ou seja, sair com os alunos da cidade para colônias de férias, onde pudéssemos desenvolver atividades sensíveis e criativas, por uma semana. O sítio escolhido era em Sapucaí-Mirim, próximo a Campos do Jordão, com toda aquela paisagem...

Isso permitiu encontros inesquecíveis com tantas crianças...

Uma das atividades que marcaram muito foi a pesquisa temática, por grupo, na localidade vizinha ao sítio, onde os alunos investigavam nos grupos previamente formados aspectos particulares da vida do município, que iam da saúde à política, passando por religião e educação. Formavam-se cerca de dez grupos de sete alunos, em média.

Após a pesquisa, com as indispensáveis entrevistas, os alunos dramatizavam as observações feitas e, em seguida, de surpresa, eu pedia que encenassem a mesma situação, tal como vivida na capital...

Além da diversão provocada, os temas levantados eram objeto de ampla reflexão, na volta às aulas.

Assim, a despedida de uma turma era sempre uma ocasião marcante, e eu costumava escrever um texto de despedida, como o que segue:

Carta aos alunos que partem

Meu caro:

Há dois anos trabalhamos juntos.
Está quase na hora de você partir.
O que me ensinou o professor de Religião?
Falou de guerras. Poluição. Política. Inflação. Petróleo.
Alguns textos. Um encontro.
E, então, o que é Religião?
Religião é a Vida.
Vida plena. Total.
Como Deus a criou: livre e criativa.
Vivemos uma época em que descobrir a Vida é uma tarefa cada vez mais difícil.
Os homens se fecham dentro de si mesmos e angustiados e sós bradam contra todos e contra tudo.
Assim, ensinar a Vida, ensinar que há algo além da morte e que nos envolve, em primeiro lugar significa sair de si e sentir o panorama geral.
Sentir que enquanto ainda vivemos certa abundância a maioria perece, como concluiu a Conferência de Bucareste.

Aí estão Bangladesh, Índia, África.

Vendo tudo isso quero que vocês sintam que embora exista um espaço para nos movermos e nossas crianças em boa parte ainda tenham escolas, a grande maioria permanece subnutrida, como revelou agora a epidemia de meningite.

E então?

Olhando em volta e mal respirando o ar poluído, dá para vocês perceberem como é difícil falar de Religião *e* Vida.

Aqui, chegou a hora da palavra que eu gostaria que vocês levassem do Rainha.

O Homem todo. O Homem interior é aquele que em primeiro lugar vive plenamente o seu tempo, conhecendo bem a história dos homens que sofrem em volta dele. Quero que vocês sejam assim: Homens integrais.

Capazes de sentir toda a dor dos tempos duros que vivemos, mas capazes de transformar, por dentro, uma lágrima num sorriso.

Capazes de todo Amor apesar do ódio sentido. De toda solidariedade apesar do abandono evidente. Capazes de vida apesar da Morte em volta.

Jesus Cristo veio nos dizer exatamente isso: Nossa sede de Vida plena jamais seria saciada pela água que nos envolve (naquele tempo ainda não era poluída...), mas ele nos trouxe a água viva que nos extingue toda a sede. "Quem beber desta água jamais sentirá sede."

Que água é essa?

Que liberta?

Faz crescer?

Faz aparecer "gente"?

Água do encontro.

Sim, do encontro. A verdadeira vida sempre passa pelo outro.
   Jesus queria uma única família de todos os homens.
Que a comunhão dos homens
Fosse o "sinal" dos que amavam.
Que todo o "mal" procede das divisões
Das separações
Dos egoísmos.
Assim, "envelhecer"
É dividir
Separar.
"Permanecer jovem"
É somar
Unir
Estender as mãos
Vocês poderão então entender qual a água viva da qual Jesus falava
A água de unidade
Água do Amor
Da paz.
E aqui chegamos.
Nós cristãos costumamos dizer que não existe despedida.
   Exatamente porque nos encontramos na Comunhão.
   Em qualquer lugar
A qualquer hora
No mundo inteiro
Há homens em volta de uma mesa
Lembrando
A Unidade
A paz
E o Amor
Que Ele nos deixou.

Errar

Ao resgatar minha própria história, procurei situar a importância do "errar" e de que somos todos "errantes"...

O grande desafio da educação é tornar educador e educandos "eternos aprendizes", despindo assim a "persona" do "professor sabe-tudo", autoritário e arrogante.

Esse perfil é fruto do patriarcalismo ainda vigente. É necessária a presença equilibrada das energias masculina e feminina que permitirá uma postura humilde do educador em sala de aula, capaz de dizer: "Eu não sei, mas vamos descobrir juntos...".

Seguramente o aluno que "tem medo de errar" terá também muito mais dificuldade de aprender e mais ainda de encontrar o prazer no aprendizado.

Trouxe um trecho de uma reflexão de uma aluna para ilustrar essa questão:

> ... Desde muito pequena, no começo na família, em seguida na escola e na Igreja Católica, aprendi que deveria "respeitar" os adultos. Na verdade, vejo que a palavra – respeitar – significava: obedeça, não questione; você é criança e não sabe de nada, um adulto é que sabe das coisas...
> O resultado disso foi que eu não poderia esperar para crescer.
> Virar um adulto – assim se iniciou meu processo educativo.

Na escola, desde a pré-escola até o colegial, sempre tive um bom relacionamento com os professores, mas sempre tive medo de "errar" e deixá-los bravos e decepcionados.

Para os padrões tradicionais eu era uma ótima aluna, ENTRAVA MUDA E SAÍA CALADA (o destaque é meu); fazia todas as lições com "capricho", mas quando errava no começo tinha vontade de chorar e depois fui aprendendo a engolir a raiva e a conviver com o erro. Até hoje fico irritada quando um professor diz que errei. Sempre aceitei as críticas de forma bastante pacífica; as coisas eram daquela maneira e eu apenas deveria "respeitar" (obedecer). Somente na adolescência, é claro, tentei mudar, mas não consegui resultados até hoje; vejo-me submissa às vontades alheias e isso me incomoda, mas não achei ainda a saída.

(L. M. – Pedagogia, PUC-SP, 2000)

Esse depoimento é um atestado de óbito da "educação bancária", como dizia Paulo Freire, e da educação patriarcal.

A criança, que deveria crescer com a alegria de aprender e sem o medo de errar, vê-se prisioneira de um processo aversivo e autoritário.

Imaginemos que uma criança, ao aprender a andar, levasse um tombo e por isso fosse punida! Claro que teria grandes dificuldades para aprender a andar!

O princípio é o mesmo...

O depoimento transcrito fala por si mesmo.

Fiz questão de destacar o "entrar muda e sair calada", pois tenho assistido a situações constrangedoras que apontam para tal situação.

Quando dava aulas na Faculdade de Medicina da PUC, lembro-me de haver recebido um trabalho belíssimo de uma aluna já na metade do curso.

Como minhas aulas são sempre ricas em debates entre os alunos, estranhei a beleza do texto recebido e a circunstância de não conseguir identificar a autora do trabalho.

Ao devolver os trabalhos, indaguei da autora o porquê de ela nunca haver externado suas idéias nos debates constantes da sala de aula.

Respondeu-me que havia aprendido que "em boca fechada não entra mosca".

Comoveu-me a expressão da aluna que teve o trabalho lido na classe para surpresa e "descoberta" dos demais colegas...

Assim, quando li nesse depoimento o "entrar calada...", imediatamente me lembrei desta outra aluna.

Aliás, é notória a postura tímida de tantos alunos, mesmo numa universidade!

Errar...

Estamos sós... Errantes...
Fragmentados
Aos pedaços
Resultado da divisão interna: certo e errado...

Corpos rígidos
Tensos
Sofridos
Pedindo acolhimento

Nossa emoção perdida em fantasias
Novelas, cinemas, revistas...
Nossa razão prisioneira do racionalismo: do "certo"
Do "ter que explicar tudo"

Não percebemos o sentido do cotidiano
Não nos percebemos
Não amamos
Não nos amamos

Perdemos o primeiro movimento do respirar
Profundamente
Relaxadamente
Sentindo o ar que entra em todo o corpo

Perdemos o movimento do corpo
Sua leveza
Sua harmonia possível
Sua agilidade a ser desvelada na dança suave

Perdemos o sentido do toque
Do beijo beijado
Do abraço abraçado
Do dizer com as mãos que "eu te amo"...

Perdemos mais que tudo
Nossa identidade espiritual
O Artista, o Mestre que nos cria a cada momento
O sentido do Amor maior pelo Outro e pela Vida

Perdemos o significado de nosso "errar"...
O espaço da Liberdade que permitirá
Perceber o propósito da Vida

O Educador deverá sempre ser aquele que "errando"
Desvelará o "eterno aprendiz"
Presente no mais dentro de cada Errante...

Educar

Fala-se muito da diferença entre o "professor" e o "educador". Creio que um texto recente de uma aluna diz bem dessa diferença quando ela se refere ao cotidiano da escola que freqüentou:

> ... Fui educada nos melhores colégios de São Paulo. Sempre fui boa aluna, nunca repeti ou fiquei de recuperação e melhor ainda: meus pais nunca precisaram se preocupar; estudava com boa vontade, cumpria minhas obrigações para fazê-los felizes. Pois bem, os anos se passaram e chegou o vestibular. Todos os meus quinze anos de matemática, história, português e física não adiantaram de nada.
>
> Não sabia o que estava decidindo, o que minha decisão implicava; ainda não estava preparada para me responsabilizar pelo meu futuro. Escolhi uma profissão que achava legal e nem precisa dizer que abandonei a faculdade logo nos primeiros meses... (M.T.J.B. – Pedagogia, PUC-SP, 2001)

Este relato repete-se infindáveis vezes, com finais variáveis, desde alunos que terminam por diplomar-se em profissões equivocadas, até aqueles que nunca mais estudam.

A autora desse relato findou fazendo outro vestibular e hoje se sente acolhida no curso de Pedagogia. Ela termina o relato afirmando: "... Agora sim criei asas e voarei para longe".

O "Professor" é aquele que "despeja" os conteúdos que findam pouco significado na vida do estudante, como aconteceu com a aluna cujo trabalho transcrevi em parte. O aluno metaforicamente é como se fosse um "computador", que recheamos de programas. Ele até passa nos vestibulares. Como diz Rubem Alves em artigo publicado na *Folha de S. Paulo*: "Na Escola 10; na Vida Zero".

Ora, o ser humano não é um "cérebro" para receber informações, por melhores que sejam. É muito mais...

Costumo dizer a meus alunos que a *Mona Lisa*... é uma obra-prima "pensada" por Leonardo da Vinci e perfeitamente realizada.

Assim uma orquídea foi "pensada" por Alguém. Aliás a natureza, como um todo, é fruto de um Pensamento envolto no Mistério da Criação.

Ora, o ser humano é muito mais que uma orquídea. Seguramente fomos "pensados" de forma incrivelmente bela e com a possibilidade de também criar – inclusive a Mona Lisa...

O poder criador do ser humano é um dos pontos fundamentais que nos distinguem de todos os demais seres vivos.

Nenhuma orquídea ou coelho cogita pintar a *Mona Lisa*...

Assim educar um ser humano com tal dimensão exigirá sempre investir nessa incrível faculdade da criatividade, como o faz, entre outras, a Pedagogia Waldorf!

Armazenar informações e tecnologia o faz de forma crescente... o computador...

Porém, para criar o computador, modelar o Pensador como o fez Rodin ou compor uma sinfonia, é preciso gestar um Ser Humano.

Um Ser Humano não é só gestado no ventre de sua mãe, mas Educado por uma Escola...

A missão de um Educador é infinitamente maior que aquela hoje entendida como a do "Professor"...

O Educador é um "parteiro". O Parteiro do Homem Integral.

Georges Gusdorf, em sua obra *Professores para quê?* (p. 85), assim diz com toda sua genialidade:

> Não se passa a ser mestre, por uma delegação de um reitor ou por decreto ministerial, no dia em que se dão, com êxito, os exames de aptidão pedagógica, licenciatura ou doutoramento. Um decreto de nomeação pode designar um professor ou um assistente, não pode consagrar um mestre. Do mesmo modo nenhum decreto pode suspendê-lo ou revogá-lo.

Isto é, um educador não surge com um diploma, mas constrói-se no profundo mergulho do autoconhecimento, como o afirma Gusdorf.

Sim, sem ao menos indagar "Quem sou eu?", o Professor nunca chegará a ser um Educador, pois, como dizia Sócrates, o "Conhece-te a ti mesmo" é o princípio de toda a sabedoria...

A busca da resposta ao "Quem sou eu?" nos conduzirá ao Caminho do Eterno Aprendiz, que dará origem, então, a um Educador.

Educar

Educar é como semear
Semear das sementes que vêm de dentro
Do mais dentro
Da colheita do caminho percorrido

Percorrer o Caminho
É saber de Si Mesmo
De suas transformações
De sua percepção do vínculo com a Vida

Ligar-se à Vida
É ligar-se ao Todo
É saber-se Um com o Universo
Portanto com o Outro

Saber-se Um com o Outro é Amar
É abrir a Fonte do Coração
Fonte do Saber e da Alegria
A ser revelada no Outro

A alegria do sonho realizado

Ao mesmo tempo que iniciava minha carreira de professor nos dois colégios, eu lecionava no 3º grau, numa cadeira de Direito, na Escola de Serviço Social, da rua Sabará, como era conhecida. Minha disciplina era Legislação Social, dentro, portanto, de minha especialidade na área do Direito.

Essa escola pertencia a uma associação sem fins lucrativos e buscava sua integração na Pontifícia Universidade Católica.

Algum tempo após o início de minhas aulas nessa escola fui eleito presidente da associação mantenedora e assinei sua integração com a PUC, como era desejo dos responsáveis pela instituição. Isso ocorreu logo no início da década de 1970, e passei a integrar a PUC, como parte do *patrimônio* da Escola de Serviço Social. Meu destino natural seria a Faculdade de Direito, dada minha formação básica.

Nessa ocasião, porém, ocorreu um fato até hoje pelo menos mal explicado. A Faculdade de Direito não me aceitou! Consta de relatos da época que eu seria comunista, e o chefe de departamento, muito conservador...

Na verdade tal possibilidade decorreria de minha vinculação ao jornal ligado aos padres dominicanos, já referido, que circulou no início da década de 1960 até o dia 31 de março de 1964!

A última manchete do jornal foi: "Golpe fascista assola o Brasil".

Eu era um dos diretores de tal periódico e senti por um tempo a forte pressão daqueles que apoiavam os militares.

Diga-se, desde logo, que na PUC, excetuando-se este episódio relativo ao meu ingresso, em que pode ter havido a restrição apontada por parte da Faculdade de Direito, nunca sofri qualquer discriminação. Pelo contrário, fui expressamente defendido pelo reitor, em momento que descreverei adiante.

O fato é que rejeitado pela Faculdade de Direito, em particular pelo departamento que abrigava o Direito do Trabalho, fui encaminhado para a Faculdade de Ciências Sociais, onde, paradoxalmente, designaram-me para dar aulas de Estudos de Problemas Brasileiros, cadeira criada pelo regime militar, cujo programa visava defender o ideário da Escola Superior de Guerra!

Curiosamente, um comunista não poderia dar aulas de Direito, mas, sim, de EPB (como era conhecida a disciplina).

Na verdade foi uma bênção. Diria que nesse momento nasceu o educador. Claro que em instante algum voltei-me para o programa previsto para a disciplina, ao contrário, iniciei uma atividade dirigida ao autoconhecimento e com o tempo vinculei-me ao Departamento de Fundamentos da Educação da mesma universidade, onde estou até hoje.

Nascia então o que vim a denominar mais tarde de Pedagogia da Transgressão, que veio a ser minha dissertação de mestrado.

Meu sonho de ser educador e trabalhar numa universidade veio de forma inesperada, numa disciplina nunca pensada antes. Minha aceitação daquilo que me era oferecido significou o início da percepção do que Jung chamava de sincronicidade. A coincidência significante!

Era a vivência do presente profundamente aceito e assumido. O texto a seguir expressa bem o meu sentimento naquele momento.

*Alegria**

A alegria surge do encontro
Entre o passado e o sonho
Surge do mergulho no presente
Na eternidade do agora.

A alegria é a percepção do sentido lúdico da vida
Da dança permanente da transformação
Da descoberta do transformar e do transformar-se.

A alegria é também se saber vivo
Saber do seu lugar na infindável dança
Dança dançada no instante presente
Com movimentos sempre novos...

Alegria, finalmente, é descobrir o Amor
Apaixonar-se primeiramente por si mesmo
Depois pela vida
E então pelos viventes...

---

[*] Este poema foi transcrito do Apêndice do livro *Pedagogia da transgressão*.

O caminhar

O início de minhas aulas na PUC significou profunda revolução em minha vida. Na verdade, iniciei longa peregrinação pelas várias faculdades da Universidade passando pela Matemática, pela Medicina, entre outras! Aos poucos, fui me fixando mais na Faculdade de Educação.

Minhas experiências, com as diferentes faculdades, ensinaram-me muito. Pude perceber as buscas manifestadas pelos distintos alunos.

Assim é que na Faculdade de Medicina vivi situações muito curiosas. Entre elas, uma experiência similar àquela no Colégio Sion, quando sugeri a ida das alunas à Praça da Sé para realizar entrevistas. No caso da Medicina solicitava que os alunos se dirigissem às filas do INSS, fingindo-se pacientes, para ouvir os verdadeiros doentes que buscavam o atendimento público.

Os resultados de tais contatos entre os alunos e os pacientes possibilitaram incríveis observações dos futuros médicos sobre os problemas do atendimento público na área da saúde.

De outra parte, conduzia sempre meus alunos a contatos com linhas alternativas de medicina, trazendo acupunturistas e homeopatas, entre outros, para palestras. Isso, note-se, numa época que a medicina alternativa ainda era desconhecida de muitos e especialmente rejeitada pela Faculdade de Medicina da PUC, em sua ortodoxia quanto à alopatia, ao menos naquele momento.

Uma afirmação comum entre alguns médicos-professores era: "Homeopatia é coisa de EPB".

Não obstante tais restrições, algumas situações instigantes e altamente educativas ocorriam em sala de aula. Lembro-me, por exemplo, de um momento em que um aluno questionava o fato de um colega recém-formado, que dava plantão num hospital particular, ver-se compelido pela direção do hospital a pedir exames clínicos além dos estritamente necessários, porque isso aumentava o valor repassado pelo Estado. Não posso, evidentemente, confirmar o fato, porém a intervenção de outro colega gerou saudável discussão. Disse o outro aluno: "Ora, como você queria que o colega não cumprisse o determinado pela direção do hospital? Em que momento enfrentamos qualquer ordem superior, mesmo aqui na Faculdade, quando julgamos tratar-se de um erro ou injustiça? Somos formados para obedecer...".

Certamente essa afirmativa suscitou longo debate sobre a consciência do médico diante de seu paciente!

O acontecimento mais dramático, que permeou meu trabalho nessa disciplina, ocorreu por volta de 1974, quando alguém me denunciou perante alguma autoridade militar (talvez do Ministério da Educação) insistindo no fato de que eu seria *comunista* e, portanto, não poderia lecionar EPB.

Na época, o reitor enfrentou a denúncia sem que eu ficasse sabendo, exigindo do denunciante provas da acusação, que nunca chegaram...

Tomei conhecimento do fato pelo próprio reitor, tempos depois. Era o professor Ataliba Nogueira, já falecido.

Concomitantemente a tal denúncia, a coordenação de EPB tentou exigir que eu trabalhasse com determinados textos, selecionados para todos os professores da disciplina. É possível que tal atitude tivesse a intenção de "proteger-me" da denúncia...

Como de nada soubesse, recusei trabalhar com os textos e diante da insistência da coordenação resolvi pedir afastamento por seis meses da Universidade, avisando porém os alunos do ocorrido.

A licença teve início, mas algumas semanas depois fui chamado de volta para reassumir as aulas, diante de protestos dos alunos pelo ocorrido. Essa intervenção dos alunos é uma das características da PUC, que sempre trouxe alento ao cotidiano, tantas vezes difícil ao longo da vida universitária.

Senti, então, que aquele era de fato o meu caminho: trabalhar os valores e a ética implícitos no comportamento humano, a partir do autoconhecimento.

Caminhar...

Dar um passo...
Sair da paralisia causada pelo desencanto
Pela preguiça mesmo de pensar
Pelo caos aparente.

Dar um passo...
Sair da "maioria silenciosa"
Deixar minha voz sair
Estender os braços em gestos fecundos.

Dar um passo...
Acreditar na força interior
Nas infinitas possibilidades do meu presente
Na descoberta de mim mesmo.

Dar um passo...
Na direção do porvir
No sentido da história
Na busca da significação.

Dar um passo...
É caminhar
Caminhar de mãos dadas
Caminhar solidário.

Dar um passo...
É também "ir ao encontro"
Encontro do meu espaço
Encontro do significado maior da vida.

Dar um passo...
É acender uma luz
É abrir um sorriso
É dar chance à esperança.

Dar um passo...
É fazer história
É deixar seu traço na história.

"O Mestre Interior"

Um dos acontecimentos mais significativos ocorreu com uma aluna da PUC que aqui chamarei de Cristina.

Ao iniciar meus cursos sempre sugiro aos alunos que busquem acolher verdadeiramente aqueles que eles *dizem amar*. Proponho que cheguem em casa "diferentes do seu jeito de sempre chegar" (plagiando a música *Valsinha*, de Chico e Vinícius, que sempre faço ouvir em classe nessa ocasião) e não "maldigam a vida tanto como sempre costumavam fazer", ao contrário, que ouçam verdadeiramente cada um, antes de falar, olhando nos olhos, e que se acontecer um abraço que seja *abraçado* ou um beijo, que seja *beijado*.

Tenho um longo repertório de situações preciosas que mudaram relacionamentos, como adiante descreverei. No caso de Cristina, o singular episódio me trouxe enorme aprendizado e propiciou à aluna rica experiência.

Como ela teve dificuldade, num primeiro momento, de olhar nos olhos do pai e da mãe, mas queria efetivar o exercício proposto, resolveu, por conta própria, como depois relatou (sempre peço relatos escritos dessas experiências), olhar primeiramente para os próprios olhos no espelho, para em seguida *enfrentar* os olhares paterno e materno...

Cristina contou que, num primeiro momento, *fugiu* de seu próprio olhar, pois não se reconheceu... Quem era *aquela* que a *olhava pelo espelho*? Porém, a vontade de viver a experiência com os pais era tão grande que insistiu e novamente olhou seus próprios olhos. Então veio a surpresa! Descobriu uma *Cristina* que *não conhecia*, mas da qual *gostou muito*...

Diante da *descoberta* ganhou coragem para olhar os pais, com seus olhos *renovados*... O pai, ao vê-la, olhando-a nos olhos exclamou: "Minha filha, sinto que você está diferente, mas saiba que a amo muito!".

Com a mãe o resultado não foi diferente, tendo havido longo abraço após o olhar. Cristina finaliza seu relato dizendo que, ao olhar com seus *novos olhos* para o namorado, este reagiu: "O que é que eu fiz?".

Esse relato, que de forma similar repete tantos outros, revela a força da descoberta do Mestre Interior. Cristina ao descobrir-se no espelho teve a percepção profunda do que espiritualmente podemos identificar como o Mestre Interior – aquele que olha por nossos olhos, além do tecido miraculoso do físico. O senso comum já afirma, com razão, que os olhos são o espelho da alma...

O aprendizado que extraí desse episódio foi a importância de olharmos nossos próprios olhos no espelho, além dos habituais olhares para retocar os cabelos... Hoje sugiro este exercício aos alunos, sempre com resultados enriquecedores. Dois textos tentam expressar a profundidade intuída do encontro de Cristina consigo mesma:

Limitações

Estamos aos pedaços
Nosso corpo sofre das dores do cansaço
Nossa emoção permanece plena de contradições
Nossa mente passa da desconfiança, ao fanatismo.
Quando melhoram as dores
Vem a relação possessiva e nos corrói por dentro
Quando superamos a possessividade
Vêm as idéias de perseguição.

Assim o Homem vem sofrendo através dos tempos
Já foi queimado em fogueiras
Devorado por leões
Destruído nas guerras.

Mesmo em casa, junto à família
Surgem as divisões
As discriminações
O autoritarismo.

Como começar a viver?
Com alegria,
Com liberdade,
Com prazer?

De onde tirar o sentido do sofrimento,
Da dor física,
Das separações,
Das angústias e ansiedades?

A mesma mão que agride,
Também pode abençoar
O mesmo olhar que fulmina
Pode acolher.

A mesma voz que ofende
Pode pacificar
O mesmo Homem que explora
Pode amar.

A decisão vem do mais dentro
Do ponto inatingível do ser
Onde somente o "Mestre Interior" decide
Se assim o permitirmos.

Nascer de Novo

Mergulho profundo
Encontro consigo mesmo
Uma face nova
Desconhecida
Luminosa.

A sabedoria jorra de dentro
A certeza inexprimível do sentido da Vida
A paz decorrente
O encontro imenso com Tudo.

É como um novo sair do útero
Descobrir o Sabor
Do minuto presente
Sabor que permanece.

Prisão

Desde o início de minhas atividades docentes a preocupação maior sempre foi a questão do sentido e do significado da vida. Percebi que grande parte do sofrimento (se não todo...) decorre da falta de percepção do propósito da própria vida pelo ser humano.

Os alunos sempre se revelaram sensíveis com essa questão da falta de sentido ou significação para suas vidas. Isso ficou muito claro no episódio já descrito da Praça da Sé, quando as alunas indagavam do mistério da *massa e do número*.

Na verdade, por trás dessa falta de significação está não só a visão do sofrimento pessoal, mas também da miséria material propriamente dita. Assim, seja o sofrimento pessoal, seja o dos mais pobres, tais situações sempre suscitam a perplexidade dos alunos.

Mais de uma vez discutimos em sala de aula quadros concernentes a cenas do cotidiano, tanto as trazidas pelos jornais como aquelas fruto do testemunho dos próprios alunos. Uma das situações que ensejaram debate diz respeito ao episódio que presenciei na rua Santa Efigênia e detalhei no texto que acompanha esse capítulo.

Perceber-se-á durante a leitura a tendência à visão de um momento de prisão decorrente de um mundo mau.

Ela é freqüentemente objeto de profunda reflexão em classe, quando os levo a perceber o mistério contido no microuniverso em relação ao ser humano e no macrouniverso infindo.

O âmago das discussões quanto a esses temas nos remete à única saída presente ao ser humano: a sua transcendência, ou seja, os acontecimentos, quaisquer que sejam, sempre nos revelarão a *prisão* em que o ser humano é retido, e qual o caminho da *libertação*. Tal quadro possui uma leitura acima e além das aparências.

Inexistem acontecimentos *ao acaso*. A vida, em si mesma, está prenhe de significação. O ser humano tem olhos e ouvidos, mas pode não ver ou ouvir... Quando isso ocorre surge a prisão na razão, que despida da transcendência nos remete inexoravelmente à falta de propósito da existência.

Essa reflexão tem se revelado fundamental diante do universo reducionista em que os alunos foram criados. O espiritual *não é científico*... Assim, procuro conduzir os alunos a uma iniciação ao sentido e ao propósito de suas existências.

Tais descobertas, com os alunos, levaram-me à provocação de os fazer se olhar e ouvir verdadeiramente, como já me referi no texto "Olhar".

Nesse sentido, eis o relato de uma aluna:

> Acredito ter conseguido muitas coisas, aprendi a olhar profundamente nos meus próprios olhos e nos olhos de muitas pessoas que jamais olhara. Senti a real necessidade de olhar para mim e me perguntar muitas coisas que não havia perguntado. Percebi também que eu poderia confiar um pouco mais nas pessoas, pois este sentimento estava embrutecido ou um tanto imobilizado. Comecei a escutar as pessoas,

com mais integridade, e consegui escutar o meu eu mais interno. É engraçado falar desta maneira, mas foi isso que aconteceu. Iniciei o desenvolvimento de perceber as coisas belas de todas as situações em que pude envolver-me. Aprendi ou estou aprendendo a fazer com mais paixão as coisas que me proponho fazer. (P.G.B. – Pedagogia/PUC)

Vê-se do texto que a aluna descobre o sentido de sua própria vida e do entorno de si mesma quando começa a ver e ouvir... Vamos ao texto referido e à poesia utilizada na reflexão.

Rua Santa Efigênia

Dizer da imensa pena.
Da dor de uma situação real: o abandono e o sofrimento de uma criança às 12 horas do dia 8 de outubro na rua Santa Efigênia.
A mãe que esmolava com outra criança no colo.
A segunda, de quem especialmente falo, havia defecado junto à guia e ainda agachada buscava, de alguma forma elementar, a higiene. A mãe a apressava...
A dor, a desolação e o absurdo mesmo da situação refletem a nossa condição hoje.
Condição de abundância. De sobra. De fartura para poucos.
Muito poucos mesmo.
Entre nações e indivíduos as diferenças são crescentes.
O desequilíbrio é flagrante.
Está presente nos meios de comunicação e na rua Santa Efigênia.
Está dentro de nós.
O que podemos fazer de concreto pelo Outro?

O que posso fazer?

Essa indagação diante de um fato concreto é dilacerante.

Quantos não estarão em situação análoga (ou pior) neste mesmo instante em São Paulo? (sem falar em todo o planeta)

Essa miséria é desejada?

Pena de tantos?

Efeito provocado, por outros tantos?

O que fazer de nossa consciência que grita ante o fato?

A criança é criança?

O adulto é adulto?

O Homem é Homem?

O mistério do número.

Da iniqüidade.

Do abandono.

Ecoam dentro de nossas consciências. Nos movem (ou deveriam mover).

Sair desse quadro escuro.

Sair dessas sombras.

Sair do número, da iniqüidade e do abandono

É a última tentativa de começar a viver

É assim alguma coisa tênue

Como a luz matutina ao longe, na noite escura que se vai

Começamos a sair do interior da nossa escuridão

Como condição de acender a Luz para o Outro

De alguma forma a Luz se acende em nossa face quando isso ocorre.

Presos

Sem luz e sem vida, ficamos sós.
Sufocamos e gritamos contra a luz.
Sabemos que a verdade liberta, mas não queremos.

Ficamos mil vezes com nossa dor.
Curtimos nossas "cadeias",
Nossas fraquezas,
Nossa impotência.

Chamamos os deuses que nos libertam.
Deuses à nossa imagem,
Que nos esmagam,
Nos dominam,
Nos aniquilam.
A vida que explode em cada um
Deve ser extinta,
Apagada,
Negada.

A descoberta de um pelo outro
Deve ser limitada,
Cerceada,
Controlada,
Legalizada.

O amor não surge.
A luz não brilha.
As trevas invadem.
Os homens sucumbem.

Há dois mil anos,
Os mesmos gritos já eram ouvidos.
As mesmas expressões!

A única lei é o Amor.
A verdadeira Luz brilha em cada homem.
Mas os homens preferem as trevas.
O amor faz brilhar essa Luz.

Desafio da mudança

Minha mudança de carreira de advogado para professor foi um longo processo que implicou uma duplicidade de funções que pouco a pouco foi ganhando nova forma, à semelhança da lagarta que se transforma em borboleta. Tal transformação possibilitou dois momentos formidáveis, que deixaram marcas indeléveis.

O primeiro deles encontra-se parcialmente descrito no livro *Renascimento do sagrado na educação*. O segundo, ainda pouco conhecido, é o que descrevo a seguir.

O episódio tem início com a prisão ocorrida em 1970, em razão de eu ter sido advogado de um operário considerado *subversivo* pelos militares. Na verdade não foi uma prisão, mas um seqüestro. Meu companheiro na época – Mário Carvalho de Jesus – também foi preso numa sexta-feira, e eu, no dia seguinte, um sábado.

Fui levado à rua Tutóia, na sede da famigerada OBAN, que detinha os presos políticos. Minha primeira impressão era a de que a prisão seria conseqüência do fato de eu ter dirigido o jornal *Brasil, Urgente*, anos atrás.

Tentei conversar com o sujeito que me detinha, dizendo-lhe que meu cotidiano não me permitia nenhuma ação subversiva, pois dava aula em colégio de 2º grau e ainda era professor na PUC, além das atividades de advogado no período da tarde. Era também pai de seis filhos!

Curiosamente, tal conversa teve o condão de me conduzir a um *quartinho* especial, escapando da cela comum onde estava meu referido companheiro, o que me proporcionou acontecimentos singulares, que passarei a descrever e que obedecem rigorosamente ao fenômeno de sincronicidade, referido por Jung.

Em primeiro lugar, passei o sábado inteiro extremamente tenso, ouvindo gritos vindos da sala de tortura e interrogatório. Não consegui me alimentar e dormi com dificuldade na cama de armar colocada no espaço que me fora reservado. Ao acordar no domingo, sentia-me faminto e num estado que poderia denominar de "desolação", particularmente por não saber a razão de estar preso. Neste momento me coloquei na postura de ioga e iniciei uma meditação, tendo como tema a Santa Missa que, na época, assistia habitualmente na Igreja dos Dominicanos.

Prossegui até o momento em que visualizei o padre tomando em suas mãos o cálice e o pão. Nesse instante abriu-se a porta do quarto, e o carcereiro entrou com uma caneca e um pão nas mãos! Fui tomado de uma sensação de profunda bênção! Era como se tivesse sido preso para perceber o *sentido* e o *propósito* da vida.

O carcereiro me pareceu pasmado, perante minha atitude tranqüila e pacífica de tomar a caneca e o pão de suas mãos... O fato é que a prisão *terminou* naquele momento; no mesmo dia, ou seja, no domingo à tarde, fui interrogado por um oficial, que estava mais preocupado em ouvir o jogo do Brasil no México do que em desempenhar suas funções...

Por fim, fiquei sabendo que minha prisão ocorrera em virtude de meu cartão de advogado ter sido encontrado no bolso de um operário preso por subversão! Esclareci que, de fato, era advogado desse operário numa ação de acidente de trabalho e nada mais. A dúvida do inquisidor era a circunstância de o operário trabalhar em Volta Redonda (fato esse relevante na época) e eu ser advogado em São Paulo?! Revelei então que o bispo de Volta Redonda havia pedido a mim e a meu companheiro de trabalho que defendêssemos tal operário, visto que, não obstante o acidente sofrido, os advogados locais não desejavam comprometer-se numa ação contra os militares, que dirigiam a empresa onde aquele trabalhava.

Voltando ao quartinho após o interrogatório, lembrei-me de que minha esposa e meus filhos não sabiam onde eu estava, pois a prisão na verdade fora um seqüestro. Inquietei-me novamente e voltei à posição de ioga, dessa vez pensando em minha família. Após um breve tempo de meditação, um bem-te-vi (observem este *nome*) começou a cantar intensamente, pousado na beira da pequena janela do local onde eu me encontrava! Não é preciso dizer da *certeza* que tive, então, de que me haviam encontrado! A confirmação veio no dia seguinte, quando libertado. Minha família soube da detenção por intermédio de dom Paulo Evaristo, que havia interferido perante as autoridades, entre outras razões, pelo fato de eu ser professor da PUC, onde ele era o grão-chanceler.

Esse episódio revelou-me o sentido da mudança ocorrida em minha vida. Foi como um batismo do professor nascente. O desdobramento dessa trama iniciada na prisão aconteceu em meados da década de 1990 – quase trinta anos depois –, quando fui convidado para uma palestra em Volta Redonda(!), e o tema abordado era Pedagogia da Transgressão, título de minha dissertação de mestrado e do livro então publicado!

A chegada em Volta Redonda foi antecedida de acontecimentos que igualmente marcaram de forma indelével aqueles dias.

Fora levado por uma amiga até uma mulher sensitiva para uma consulta; esta, utilizando-se de técnica por mim desconhecida, disse haver em minha vida um mistério, em que a palavra *antimônio* estava presente. Dias depois tive um sonho no qual meu médico homeopata prescrevia-me antimônio. Curiosamente, soube na consulta que se tratava de um metal utilizado como meio para a transformação do chumbo em ouro pelos alquimistas, e a homeopatia o utilizava para medicamento, em alguns casos.

Disse-me então o homeopata que diante das circunstâncias que me levaram ao consultório eu deveria tomar o antimônio, como remédio de fundo (trata-se de uma forma de aplicação da homeopatia). Pouco tempo depois do início da terapia, fui acometido por um processo asmático até então inexistente.

Sem relacionar o fato à medicação, socorri-me da acupuntura, como de hábito em crises agudas. Houve uma melhora, porém persistia um quadro crônico de asma. Esse era o quadro quando recebi o convite para a palestra em Volta Redonda. Na véspera da palestra estivera em Caxambu, num Congresso de Educação, acometido pela maior crise de asma. Estava na janela do quarto do hotel, e eram seis horas da tarde. A crise era aguda, entretanto eu nunca recorria a medicamentos alopáticos. Debrucei-me na janela, pois essa posição aliviava a sensação de sufocamento. Naquele momento vi ao longe, numa colina, uma imagem de Cristo iluminada, em seguida um bem-te-vi (outra vez!), que começou a cantar ao meu lado. Foi inevitável lembrar-me da prisão... Meditei profundamente sobre o encantamento desse momento e percebi que eu precisava *me entregar*. Sempre fui muito *ativo*, e com freqüência a ansiedade impedia melhores resultados em meu trabalho. Senti, e soube mais tarde, que o problema da asma é o *expirar* e não o *inspirar*, como eu pensara anteriormente. Pois bem, comecei a expirar longamente, com uma profunda sensação de entrega, de *morrer* mesmo...

Quando minha companheira voltou ao quarto, disse-lhe que já havia aprendido a lição que a doença tinha para me ensinar. Naquele momento, porém, eu teria de tomar uma medicação alopática, pois precisava viajar no dia seguinte cedo para Volta Redonda. Comecei então a me dar conta do círculo que se fechava! A volta completou-se com minha chegada lá. Na praça onde se situava o prédio em que se realizaria a palestra havia um imenso cartaz fixo no solo, com os dizeres: Pedagogia da Transgressão – Ruy Cézar do Espírito Santo. Era o dado que faltava para completar a *volta*.

Percebi que, após quase trinta anos, o educador que nascia do batismo da prisão completava uma etapa de sua vida com a publicação de seu primeiro livro, fruto da dissertação de mestrado, ou seja, meu primeiro curso como aluno, para tornar-me educador...

Desnecessário dizer que nunca mais tive asma. Voltando ao homeopata, disse-me que o antimônio é um medicamento que induz à asma, mas, dentro dos princípios da homeopatia, também é o que cura tal enfermidade.

Tenho partilhado essa história em alguns momentos com meus alunos, com o objetivo de ampliar o encontro e ao mesmo tempo situar as questões da sincronicidade e das transformações.

Os dois textos a seguir poderão dizer melhor das lições que aprendi e procuro transmitir a meus alunos.

Desafio da Mudança

Mudar é não ser mais o que era
Quem éramos?
O conteúdo da pele?
Ou apenas aquilo que de "bom" imaginávamos a nosso respeito?

Mudar é saber quem éramos
Quem somos agora
É sabermos que temos o poder de mudar
De nos mudar.

Saber quem somos
É mergulhar fundo em nós mesmos
Buscando as transformações passadas
(tantas vezes inconscientes).

As transformações inconscientes produziram doenças
(ditas psicossomáticas)
As conscientes podem produzir a Cura
A autocura.

Mudar é transformar-se conscientemente
É perceber a força de nos amarmos
É o resultado de tal Amor
Mudar é descobrir a Luz que brilha em cada Homem que vem a este mundo...

A mudança consciente só é possível no Presente
No eterno Agora daquele que "se descobre"
Deixando a ilusão de ser "vítima" de "alguém no passado"
Ou de alguma ilusão futura...

Aceitar o desafio da mudança
É finalmente descobrir a imensa alegria de estar vivo
De fazer parte de um universo infinito
De deixar nascer a criança que sempre aí esteve.

Transformação

O momento de transformação é mágico
Há nele uma percepção profunda do momento presente
Há um mergulho no cerne da existência
Há sincronicidade, numa grande harmonia de "ser".

É como aquele exato momento em que a lagarta se transforma em borboleta
E voa, sem nunca ter voado
E é bela, de uma beleza nunca percebida antes
E é borboleta, depois de um tempo de ser lagarta.

A transformação no homem é como um momento musical
Uma fusão de cores
Uma convergência de energia
Uma percepção do "todo".

É a sincronicidade
A magia da mutação
O surgimento do "novo"
O desvelamento de uma face antes escondida.

Assim o Homem vai se transformando
E crescendo
E evoluindo
Nas múltiplas possibilidades de "virar borboleta".

Buscar a sintonia com a mudança que se aproxima,
Ganhar consciência da nova transformação
É fazer história
É estar presente no coração do mundo

Transformando-se a si mesmo.
Deixando seu sinal de amor naquele que passa e sente a mudança
Deixando seu traço no ambiente que se renova
Deixando seu rastro no caminho percorrido, como sinal de esperança.[*]

---

[*] Transcrito do livro *Pedagogia da transgressão*, 1996.

O tempo

No mesmo tópico das mudanças, um relato de uma aluna, do qual extraí um curto, mas significativo trecho, que aponta para uma das mais profundas mudanças passíveis de ocorrer no tempo...

Diz a aluna:

> Adorei fazer todos os seus trabalhos, mas houve um em especial que "obrigou-me", no bom sentido, a conhecer-me de verdade. Foi o trabalho de "olhar no espelho". Foi difícil olhar-me "de verdade" no espelho, porque o comum era olhar-me para ver apenas um rosto, igual ao de todo dia, às vezes alegre, outras vezes triste, mas o jeito sugerido agora para olhar era diferente; tinha de despir-me da máscara da K. comum e aparecer nua, limpa, livre, de forma que ao me olhar nos olhos encontrasse a verdadeira K., que finalmente encontrei! Estava escondida, acuada, com medo da vida, mas disposta a mostrar-se, crescer e lutar pelo que quero e acredito. Esse foi realmente o trabalho mais importante e desafiador que já fiz. (K. A. – Pedagogia, PUC-SP, 2000)

O que ocorreu com essa aluna poderia ter acontecido em qualquer momento de sua vida. Sim, as transformações são permanentes e nunca somos os mesmos do dia anterior. Como dizia Heráclito, "nunca atravessamos duas vezes o mesmo rio, pois as águas que passam não são as mesmas e a pessoa que o atravessa também não é a mesma".

As transformações ocorrem permanentemente. O desafio é a consciência de tais transformações!

A consciência é sempre fruto da atenção ao momento presente.

Normalmente nossa atenção está dispersa no mundo exterior ou no tempo passado ou mesmo no futuro!

O voltar-se com plena atenção a si mesmo é o que resulta na incrível percepção obtida pela aluna.

Evidente que não basta propor o exercício. Muitos o realizam, porém nem todos conseguem desenvolver a atenção ao agora, como ocorreu nesse caso.

Normalmente nossa atenção "foge" de nós mesmos porque inconscientemente tememos o desnudar de nossa personalidade, como anotou a aluna. Com muita freqüência, somente em trabalhos terapêuticos esta atenção a si mesmo finda ocorrendo.

Este medo faz parte daquele véu que envolve o sono da "bela adormecida".

Assim, o olhar-se ao espelho, nos próprios olhos, pode significar o despertar da atenção aqui apontada, que conduzirá à consciência de si mesmo e, conseqüentemente, ao Caminho do Autoconhecimento.

O tempo

Há um fluir do tempo
Há mutações a cada instante
Mutações no meio ambiente
Mutações no ser humano

Permanece o essencial
O sentido fundamental
Que freqüentemente escapa ao Homem
Que escapa de si mesmo

O pensamento é cambiante
Flui com o tempo
É instável
Embora o Homem insista em torná-lo permanente

Tal permanência é sofrida e faz sofrer
Paralisa o tempo, criando a rotina
Tenta paralisar as transformações
Impedindo a criatividade e a evolução

Somente o autoconhecimento
Abre as portas da percepção
Libertando a consciência
Liberando os pensamentos

O tempo somente permanece para o pensamento cristalizado
Para a consciência acorrentada
Para sustentar a ansiedade básica
Presente no Homem que não se libertou, que não cresceu

Eternidade é o oceano da gota d'água, chamada tempo
Eterno é o espírito humano presente à consciência liberta
O tempo existe para a lagarta se transformar em borboleta
O tempo existe para o Homem perceber sua eternidade

Vencer o tempo é nascer de novo, descobrindo o Amor
Que é descobrir-se a si mesmo.

Ser

Pode parecer ousadia uma história com tal título: Ser. Na verdade, vivemos imersos em muitas sombras. Além das interiores apontadas por Jung, as decorrentes da história real do ser humano que continua buscando "fora" o que está no mais dentro...

Ao buscar "fora" perde-se no caminho com acumulações materiais, que geram os desequilíbrios sociais evidentes no planeta.

Além de tais desequilíbrios, essa desenfreada busca gera a destruição do meio ambiente.

Trago aqui um relato simples de uma aluna que alcançou, no encontro com o pai, aquilo que todos procuram nas "estrelas":

> ... Então vou relatar uma experiência que me emociona muito até hoje, pois se perpetua diariamente.
>
> O meu pai é uma pessoa bastante tímida e acredito que sua postura como pai é reflexo da relação com seus pais, qual seja, ele sempre foi o pai que protege, que sustenta a família... e uma pessoa por quem eu tinha adoração desde pequena.
>
> Contudo, sofria às vezes, porque não havia uma relação de amizade, de carinho realmente... apesar de já haver existido o carinho de pegar

no colo, abraçar, beijar, mas somente quando eu era pequena; conforme fui crescendo, tudo isso foi se distanciando, até que acabou.

Sofria e não entendia muito bem tudo isso; muitas vezes me contentava em olhar para as fotos de pequena e relembrar os belos momentos, e continuávamos assim, pois ficava receosa de abraçá-lo por simples vontade. E também porque nada disso diminui meu amor por ele e achava que era a forma de ele amar...

Porém, no ano seguinte, em que tive aulas com você, resolvi que deveria tentar mudar e lembrei-me do exercício do olhar.

No começo foi complicado, foi difícil mesmo... e ao mesmo tempo maravilhoso, passando então a realmente olhar para meu pai nas conversas, quando estávamos frente a frente, como na mesa de jantar...

Fui tentando, até que um dia, no meu aniversário, meu pai me acordou, me abraçou forte e disse:

– Parabéns... nossa, como vocês crescem rápido...

E saiu para trabalhar.

Este foi meu melhor presente, percebi que ele saiu chorando (coisa que nunca havia visto) e fiquei também chorando emocionada na cama, pois tive a sensação de que havíamos resgatado muito tempo em que estávamos "distantes".

A partir deste dia, nossa relação foi mudando gradualmente; foi como se a cada dia nós nos conhecêssemos mais profundamente; agora sempre nos olhamos nos olhos e é sempre um momento mágico.

Passamos a ter uma relação de amigos, até confidencial, em que um consulta o outro para tudo; uma relação de cumplicidade.

Minha mãe, percebendo a mudança, ficou felicíssima, pois sabia de minha angústia e achou até engraçado, porque passamos a sair juntos (só nós dois), coisa que antes era impossível.

O meu irmão, que é dois anos mais novo, ficou um pouco enciumado num primeiro momento, porém conversei com ele sobre meu esforço (sem falar do exercício do olhar, pois não sabia se ele entenderia) para enfrentar a situação e lutar para resgatar nossa relação e isto serviu de estímulo para ele. Então os dois (pai e irmão) vêm lutando para resgatar a relação deles...

Percebi que meu pai, com o tempo, passou a olhá-lo nos olhos também, e isso no começo encabulava meu irmão, porém agora eles também estão vivendo a busca da mágica relação pai – filho.

Fico feliz e bastante emocionada em poder hoje estar relatando tal experiência em minha família, pois tudo isso trouxe, a meu ver, a verdadeira união e a eternidade do amor. (A. I. – Pedagogia, PUC-SP, 2000)

Esta longa narrativa fala por si...

Como tenho apontado em outras histórias, desde a matéria física, onde a probabilidade é de conexões, no ser humano a consciência dessa "probabilidade" transforma-se em "amor".

Não tenho dúvida que o ser humano é, como nos dizem as Tradições, um "mistério de Amor", dependendo sempre da "Vontade Liberta".

Assim, também como apontado por Buber em seu clássico *Eu e tu*, a realização humana dá-se no profundo encontro com o Outro.

Este resgate é hoje indispensável, dado o fantástico avanço das relações virtuais, em que as horas de Internet, somadas às horas de televisão (uma em cada quarto...), afastam cada vez mais o verdadeiro Encontro das pessoas, distanciando-as do SER.

Ser

Há música no ar
Movimento que brota como fonte
Busca de vida
De verdade

Dentre as sombras evidentes
Há um brilho do novo
Do saudável
Do amável

Sinto nos olhos ansiosos
A percepção "do que vem"
O encontro palpável
Com o mais profundo

Com o "ser homem"
De forma absoluta
Cantante
Explosiva

A maternidade e a paternidade que se renovam
Desabrocham
Num clima de luz
De paz silenciosa

Dos meandros da poluição infinda
Surge o cristal da purificação
Da renovação
Da eterna fonte de vida

Destes contrastes o Homem subsiste
Cada vez mais lúcido
Vencendo a solidão imposta pela massa
Com a força de uma identidade real que se faz presente

Não importam os números
Da maioria silenciosa
Dos guerreiros sem causa
Dos que ainda buscam seu rumo primordial

Importa a visão da história maior
A percepção da beleza
O mergulho no essencial
Na originalidade da Pessoa que surge

Depois de olharmos as estrelas
O espaço infindo
Voltarmo-nos para os olhos que nos olham
Os ouvidos que nos ouvem...

E então
Descobrir o mistério do Ser
Ser que Ama.

O despertar da "bela adormecida"

Sempre fomentei na PUC a relevância da base de todo o processo educativo, como sendo a relação professor – aluno.

Indago de meus alunos a respeito da disciplina de que eles mais gostavam durante o primeiro e o segundo graus, procuro fazê-los perceber a *coincidência* que unia o professor com quem se relacionavam melhor e a matéria preferida. É bastante comum isso acontecer. De fato, é inevitável a ocorrência do aprendizado de qualidade a partir do acolhimento do professor em relação ao aluno. Selecionei o trecho do trabalho de uma jovem que o demonstra com clareza:

> [...] Em toda minha história dentro do processo de ensino na escola foram poucas as vezes que fui acolhida. Irei relatar algumas experiências que sinto necessárias para este trabalho.
>
> Lá estava ela, ali bem na minha frente; nem me lembro seu nome. Ficava na frente, e eu e várias crianças sentávamos uma atrás da outra. Não sabíamos por que tinha de ser assim, apenas obedecíamos.
>
> Ela apenas me olhava, mas nunca me viu verdadeiramente. Eram olhos que olhavam mas não enxergavam...

Eu também não a enxergava, tinha tanto medo, sentia-me tão só, abandonada, que várias vezes adormeci profundamente, para não ouvir e não ver nada...

Seu ser mulher, feminino, estava abortado pelo sistema, mas ela não percebia; deixava de ser ela mesma a cada dia.

Entrou em sono profundo, vivendo no encanto da "bela adormecida" [observação feita a partir de texto que indiquei para reflexão], que adormecia e acreditava que ensinava alguma coisa. Pobre coitada, nem sequer despertou-me para a vida. Nunca senti nada por ela. Quando recordo desse tempo a imagem é: eu na sala de aula abandonada, adormecida, para não ver nem ouvir.

Ela jamais me acolheu. Nunca nos abraçamos ou nos beijamos [...]

Este pungente depoimento revela o cotidiano chamado por Paulo Freire de "educação bancária", qual seja, a escola que desconhece a integralidade do ser humano, tratando-o como um número, presente na sala de aula para obter outro número: a nota.

Ainda nesse texto, após referir-se a outro exemplo de abandono e agressão, a aluna resgata a figura do primeiro educador em sua vida de estudante:

[...] Foi um professor, que por ser extremamente sensível encontrou o meu olhar. Trouxe-me para a vida. Indicou caminhos pelos quais saí do "encanto" em que vivi durante anos. Nunca esquecerei o dia em que recitou o poema de Fernando Pessoa – "Tabacaria".

Não sei explicar, mas senti que era para mim que ele recitava.

Comecei a chorar quando percebi que durante anos vivi com uma máscara, que quando tentei tirar já estava grudada. Já não sabia quem eu era...

Foi a partir daí, no instante em que tive consciência de que não sabia quem eu era, que renasci, despertei para a vida [...] (V.R.F. – primeiranista de Pedagogia, PUC-SP, 2000)

Esse depoimento, extremamente claro, revela a importância de um educador sensível e *acordado* para acolher o aluno e conduzi-lo ao *despertar* de sua personalidade plena.

Referi-me anteriormente ao texto "Bela adormecida" que apresento a seguir e que serviu de ponto de partida para a reflexão da aluna.

*Bela Adormecida**

Quinze anos
Dedo picado e o sono
Sono infindo da jovem
E de todo o Reino...

Pesadelos, falta de sentido...
Tem olhos e não vê...
Ouvidos e não ouve...
Crescem as sombras e a ausência de significação

Assim cada adolescente
Vive suas transformações
Incompreendido no mundo do "tem de"...
Buscando o indispensável "quero" e "não quero"...

A Educação, tantas vezes
– chamada de bancária –
Não "acorda" os jovens
Mas os induz a sono mais profundo...

---

* Esse poema já foi publicado no livro *Interdisciplinaridade*, pela Cortez Editora.

Sono agora, que os conduz às drogas
A desafiar as normas
À violência destrutiva no mundo que os oprime
Aos vícios que ajudam a "matar o tempo"...

O "Príncipe", que pode acordar a "bela adormecida"
Pode e deve ser o educador... (se ainda não for um
    "belo adormecido"...)
Conduzindo-a à fonte interna de criatividade
A "hospedar a beleza" da Vida...

Iniciar o jovem no conhecimento de si mesmo,
Na percepção da energia construtora ou destruidora,
De que é portador,
Oriunda da Fonte Interior de Sabedoria...

É a tarefa do novo milênio para a Educação:
O autoconhecimento
O desvelar da personalidade integral
A vontade liberta participando da Sinfonia da Criação!

Autoconhecimento que implica o "Nascer de Novo"
No nascer, também para o espírito,
Para a consciência profunda
Do sentido da vida!

Suavidade

As histórias mais profundas são as mais simples como atestam os mitos e as lendas.

Recentemente uma de minhas alunas descreveu, com singeleza e profundidade, o resultado do "exercício" que proponho de "ver-se" no espelho e em seguida deixar-se "ver" por alguém, sendo a segunda parte acompanhada do verdadeiro "ouvir". Esse "exercício", que nunca deve ser anunciado como tal, para o "outro", visa resgatar a afirmação bíblica de que "temos olhos e não vemos e temos ouvidos e não ouvimos". Pois bem, eis o relato de seu "exercício":

> Hoje à tarde resolvi fazer a experiência do espelho. Fiquei com um pouco de receio, pois não sabia o que encontraria. Todos os dias eu me olho nesse mesmo espelho, mas nunca me havia dado tanta atenção como agora. Não foi fácil, pois sabia que, a partir daí, passaria a me encontrar de verdade.
>
> Primeiramente tapei o olho esquerdo. Percebi que o meu olho direito me apresentava um olhar tristonho, magoado, com a face deste mesmo lado um tanto pesada demais. Senti como se alguém estivesse me olhando através de mim mesma. Disparei a chorar, pois encontrei

nesse meu lado uma pessoa triste e solitária, com muitas situações pendentes para resolver.

Depois fiz o contrário: tapei o lado direito e fiquei observando o meu olho esquerdo. Vi que, por mais que tivesse chorado, este olho não se encontrava vermelho e me passava uma alegria, uma vontade de vencer, de lutar por tudo aquilo que eu havia deixado de lado. Minha face esquerda estava leve como uma pluma! Fiquei chocada, pois como era possível num mesmo rosto dois olhares, duas faces tão distintas? Mas consegui entender tudo o que aquele lado me transmitia.

Neste momento fechei bem os olhos e em seguida os abri. Fiquei olhando fixamente para mim mesma; foi como se entrasse dentro de mim e conseguisse consertar aquele lado de que eu não havia gostado. Senti como se alguém tivesse conversado durante horas comigo e retirado todas as minhas angústias, inseguranças e tristezas. O mais complicado foi entender que essa pessoa era eu mesma! Agora o mesmo brilho tomava conta do meu olhar, do meu rosto como um todo.

Escolhi minha avó para finalizar a experiência. Decidi fazer com ela aquele "jogo do olhar". Ela é uma senhora que reclama muito de tudo, que dói ali, aqui, enfim, "tudo". Por ser uma pessoa impaciente, muito agitada e principalmente falante demais, eu nunca havia parado para ouvir tudo o que ela queria dizer, por mais "bobagem" que fosse...

Até que o fiz. Nesse mesmo dia, ela já estava vindo para o quarto queixando-se, quando eu, sentada em minha cama, olhei fixamente em seus olhos e a deixei falar. Ela, por sua vez, achou muito estranho e, nem bem chegou a uma parte do discurso, quando parou e me perguntou por que eu a estava olhando daquela maneira; se havia acontecido alguma coisa e por que eu ainda não havia aberto a boca...

Sem dar muitas explicações, disse que havia arrumado um tempo para ouvi-la e queria saber o que estava acontecendo com ela.

Ela então me abraçou e agradeceu por estar com tempo para ouvi-la.

Ela precisava de um pouco de atenção. Desde então não a vejo mais reclamando. Ela reencontrou em mim não só sua neta, mas uma amiga.

Com isso, percebi o quanto é importante para uma pessoa ser ouvida. Daqui em diante vou continuar praticando esse exercício com as pessoas que eu normalmente não ouço e que, na verdade, querem apenas um pouquinho de minha atenção. (M.F.S.R. – Pedagogia, PUC-SP, 2001).

Esse relato simples e profundo revela o início de uma jornada de autoconhecimento. Conhecer-se é, ao mesmo tempo, conhecer e acolher o outro. A indiferença diante do outro é o início de toda a patologia humana, para ambos os lados.

Enquanto o ser humano não se der conta de que há "alguém" olhando em seus olhos, de que ele é mais do que só músculos, tecidos, ossos e nervos, não encontrará a paz e a harmonia.

Essa percepção profunda de si mesmo, que eu costumo chamar de a descoberta do "artista interior", é o começo do Caminho ou do Tao, citado pelos orientais.

Steiner dizia que esse "artista" é o responsável pela construção da verdadeira personalidade, um processo contínuo de autotransformação.

Escrevi um texto poético visando a esta temática:

Suavidade

A escuridão tantas vezes é densa
São gritos
Dores
Às vezes gargalhadas...

O Homem sofre
Tem olhos e não vê, ouvidos e não ouve
Caminha sem rumo
Apegando-se aos escombros...

A comunicação é "rica"
Variada e "profunda"
É uma "Torre de Babel"
Tornando-se difícil o sentido...

O Homem vai perdendo o rumo
Sua significância
Sua identidade
Sente-se às portas da angústia e da solidão

Ah! se ele percebesse o fio da verdade!
O quanto de sentido e paz estão escondidos
A seu lado
Mais ainda: dentro de si mesmo

Há uma suavidade no bater de seu coração
No fluir de seu sangue
No ritmo de sua respiração
No relaxar de seu corpo...

Essa suavidade está esperando
A Luz do despertar da Vontade
Vontade de se perceber
De se conhecer profundamente...

Energia feminina: sensibilidade e entrega

Uma professora que freqüentou um curso de reciclagem para professores, que ministrei em Guarulhos, na rede pública, certa vez contou em classe um episódio vivido por uma menina de doze anos, sua aluna, numa escola de periferia, a qual vale a pena resgatar.

Tal criança apresentava comportamento indisciplinado na classe, e percebia-se o consumo de drogas de forma habitual. Um drama que constitui um fantástico desafio para os professores que trabalham nas escolas públicas da periferia de São Paulo. É o binômio violência – drogas.

Pois bem, a menina em questão, certo dia, em plena sala de aula, cortou-se de propósito com gilete. Seguramente não pensava em suicídio, mas em *chamar a atenção*.

Aliás, este é um comportamento habitual de muitos jovens considerados *indisciplinados*: eles querem chamar a atenção para sua situação de sofrimento e/ou abandono. Precisam de quem os acolha!

No episódio aqui descrito a educadora encaminhou a aluna à enfermaria, para um curativo, porém sentiu que o problema era mais profundo e dependeria de uma ação de outra ordem. Assim, no intervalo das aulas tomou a criança pelas mãos e levou-a a uma sala onde havia um espelho, pedindo-lhe que se olhasse para ver como estava. A menina se olhou e disse: "Estou toda desarrumada...". A professora emprestou-lhe uma escova e ajudou-a a pentear-se e arrumar a roupa. Em seguida, segurou as mãos da aluna e, assim de mãos dadas, sentaram-se as duas, frente a frente.

A educadora buscava o olhar da menina que, entretanto, fugia de tal encontro...

Contou a professora que por cerca de quatro minutos a aluna fugiu de seus olhos, porém, com a insistência, *deixou-se ver*... No momento em que os olhos se encontraram a menina caiu em pranto. A força de seu choro era tal que a professora tirou os sapatos, para descarregar a energia que ela passava pelas mãos!

Foram também cerca de quatro minutos de intenso pranto. Logo após, a criança silenciou e disse à professora: "É a primeira vez na minha vida que alguém me olha desse jeito, segurando nas minhas mãos!". Em seguida, contou com voz embargada todo o sofrimento que tomava conta de seu cotidiano: abuso sexual, drogas e, principalmente, abandono...

A vida dessa menina mudou. Foi socorrida pelo Conselho Tutelar, que chamou os pais. Sua presença na sala de aula ganhou outro perfil; enfim, sentiu-se *acolhida* pela primeira vez na vida, possivelmente...

Essa "história" levou-me a refletir com a classe a respeito do sentido profundo da compaixão. Além do aspecto compassivo do episódio, há também de se considerar o resgate da energia feminina, tão ausente do modelo patriarcal de nossas escolas. Ela é acolhedora e sensível e tem estado submetida ao machismo ainda decorrente do velho paradigma.

Dois textos poéticos complementam esse episódio. Um deles intitula-se *Compaixão* e o outro, que visa desvelar o resgate do feminino, *Jogo de xadrez*.

*Compaixão**

Somente o profundo mergulho em si mesmo
A percepção de uma Origem Comum
A certeza do longo caminho a percorrer
Nos conduzem ao mistério do Outro.

Sua beleza
Sua dor
Sua expressão de busca
Às vezes disfarçada pelo pudor.

A incerteza do acolhimento
A necessidade da ternura
Do olhar vivo
Da presença

Significam a visão do "nós mesmos"
A certeza das mesmas necessidades
Das mesmas dúvidas
Da procura do gesto que acolhe.

---

* Esse poema já foi publicado no livro *Renascimento do Sagrado na Educação*.

Daí a "com" paixão
A paixão que nos envolve no mais dentro
Com a eternidade do Outro
Com a profundidade de seu olhar.

Essa postura abre as portas da Graça
Do milagre da Comunhão
Da alegria infinda
Do prazer de estar vivo.

Jogo de xadrez

Quando só resta um peão
Tudo parece perdido...
O peão chega ao extremo...
E nasce "outra" rainha!

Novamente o "rei" está protegido
O "jovem inocente" transformou-se em rainha...
É o recomeço
É a Vida Plena outra vez!

Crer no Peão e na sua força
É descobrir a beleza da fragilidade e do jovem inocente!
Quando tudo parece perdido e o "reino devastado"
Ressurge o "feminino" e o "reino" ganha sentido.

Assim no xadrez
Assim na vida.

Descobrir um aluno

Uma das situações mais instigantes que experienciei no curso de Pedagogia ocorreu com uma aluna, que no primeiro ano, ainda adaptando-se à circunstância de ser *aluna de uma universidade*, sentava-se sempre próxima à porta de entrada da classe e, conforme seu ânimo, *dava um jeitinho* de *escapar* da aula... Isso não é incomum, em especial nos primeiros anos.

Habituei-me a lidar com o fato, em geral sem grandes problemas, e sempre acabo estabelecendo um limite de comum acordo.

Rita iniciou o curso com as *saidinhas* silenciosas da classe, até que ocorreu um episódio inesperado. Exibi um filme para a classe e na aula seguinte pedi um trabalho cujo tema era o referido filme.

O trabalho de Rita, admito que até por certo preconceito meu, em decorrência das mencionadas *saidinhas*, a princípio pareceu-me desviar-se do conteúdo do filme e de imediato associei isso às suas fugas...

Como de hábito, ao comentar por escrito o trabalho dela, mencionei supor que ela não assistira a todo o filme e por isso, talvez, não lhe fora possível compreender o alcance das questões.

Na aula seguinte, para minha grande surpresa, ocorreu um fato único em minha trajetória de professor: Rita devolveu-me o trabalho com uma anotação, mais ou menos, nos seguintes termos:

"Ruy, não admito que duvidem de minha palavra. Assisti ao filme todo!". Prosseguiu seus comentários e em seguida apresentou outro trabalho.

Ao ler o que ela escrevera, fiquei surpreso e encantado! De fato, uma aluna que pouco me conhecia revelava uma coragem digna de nota ao *enfrentar* seu professor, e, por outro lado, ficara evidente o senso de sua dignidade pessoal, ou seja, de não admitir que eu duvidasse de sua palavra...

Meditei sobre o ocorrido e devolvi o trabalho a Rita com a seguinte observação: "Rita, não importa mais se você assistiu ou não a todo o filme. O importante foi sua coragem de enfrentar um professor ainda desconhecido e a defesa de sua dignidade pessoal; nosso curso começa agora!".

Quando recebeu o trabalho de volta, com esse novo comentário, deu-se início a uma fantástica mudança em Rita. Não a vi mais saindo da aula e transformou-se numa das alunas daquela turma que melhor relacionou-se comigo.

Para registrar a mudança, mais um fato inédito em minha carreira: ao final do ano, recebo uma carta da mãe de Rita, entregue pela própria filha, na qual ela me agradecia pela transformação ocorrida na vida da filha e atribuía às nossas aulas o ponto de partida da mudança! Como presente enviou-me um talismã, que guardo até hoje.

O texto poético a seguir tenta exprimir essa *descoberta de alguém*.

Descobrir alguém

*Há alguém escondido
No mais dentro
Silencioso e sábio
Que nos fala do sempre...
É como criança que se esconde
Mas cuja alegria sempre aparece
No brilho dos olhos
No pulsar do coração.*

*Saber desse alguém é descobrir-se
Conhecer o imenso mistério da origem
Do tempo sem tempo
Do espaço infindo...*

*Saber desse alguém é descobrir o outro
É deixar irromper o amor
Que sempre existiu
Como o sol do outro lado da noite.*

*Olhar nos olhos é ver esse alguém
Que nos aquece
Enternece
E se desfaz em lágrimas.*

Encontro do sentido

Vários de meus alunos têm narrado situações que resultam dos exercícios sugeridos de *ouvir e olhar nos olhos* que se transformam em "histórias" dignas de ser conhecidas.

Assim foi com um aluno na faixa de trinta anos, já casado e funcionário de uma grande empresa. Antônio relatou que, ao buscar olhar verdadeiramente para sua esposa e filhos e ouvi-los, houve uma grande *mudança* em sua vida conjugal, de forma a permitir uma melhor vida do casal e dos filhos. Impressionado com a mudança, Antônio decidiu realizar o *exercício* com um funcionário, na empresa em que trabalhava. Este costumava entrar em sua sala *falando sem parar*, e Antônio, com freqüência, sem olhar para o companheiro, dizia: "Sim, sim, pode falar que estou ouvindo...", sem desviar a atenção do que estivesse fazendo no momento.

Pois bem, Antônio decidiu que iria *ouvir* seu colega, e então, quando o funcionário entrou em sua sala, iniciando sua habitual arenga, Antônio pediu-lhe que sentasse e interrompeu sua tarefa dizendo-lhe: "Pode falar que estou ouvindo". E buscou o olhar do colega que, aturdido, mudou o tom de voz e principiou um relato mais consistente... Para surpresa do próprio Antônio, o companheiro *tinha o que dizer*.

Isto aconteceu cerca de três vezes. Na seqüência do terceiro encontro, no período de uma semana, Antônio recebe um telefonema da mulher de seu funcionário para agradecer-lhe o que fizera por seu marido...

A esposa disse ao telefone que o marido estava diferente no trato com ela e com os filhos, e uma diferença para muito melhor! Ao indagar do marido o que havia acontecido, ele responde que Antônio era o responsável pela mudança...

Aturdido pelo telefonema, nesse ínterim, o superior hierárquico de Antônio o procurou para elogiá-lo quanto à mudança de comportamento do referido funcionário...

Observe-se o efeito multiplicador do ouvir verdadeiro! Seguramente estamos diante do que o budismo denomina Compaixão. O mito do Minotauro tem muito a nos dizer de episódios como esse.

Trata-se do personagem de uma lenda em que, por ser meio homem e meio touro, se tornara perigosíssimo e acabou preso, no famoso labirinto de Creta. Diz a lenda que em holocausto o monstro recebia jovens que eram colocadas no labirinto para ser devoradas. Para acabar com tal horror, Teseu, filho de uma divindade, decidiu entrar no labirinto e matar a fera! Ao tomar conhecimento, sua amada, Ariadne, disse-lhe que levasse consigo, além da espada para matar o Minotauro, um fio de ouro que ele deveria ir desenrolando ao entrar no labirinto, para depois poder sair de lá... Teseu, de fato, mata o monstro e graças ao *fio de Ariadne* consegue sair do labirinto.

A beleza mítica dessa lenda está na necessária harmonia das energias masculina e feminina em face do enfrentamento dos desafios... Na verdade necessitamos *matar Minotauros* em nosso cotidiano, porém tal função da energia masculina há de estar harmoniosamente vinculada à sensibilidade da energia feminina, para sairmos da violência e da prisão dos labirintos...

Antônio, nesse episódio, impõe um *limite* na falação desenfreada do funcionário, porém o faz com a sensibilidade da energia feminina, que implica o *acolher*, o ouvir.

Do mesmo modo podemos encontrar o sentido dos acontecimentos no labirinto de nosso cotidiano, no qual o *matar o Minotauro* pode significar, ao mesmo tempo, sua ressurreição...

Sentido

Buscar o sentido é perceber o mais profundo
Aquele que "olha" pelos nossos olhos
Que dá significado ao "agora"
Que direciona o Caminhar.

Encontrar o sentido é desvelar a própria identidade
Conhecer o tempo que passou
Saber da convergência desse tempo no presente
Mergulhar na eternidade do agora...

O sentido é a essência do ser
É a alegria do existir
É o prazer revelado pela significância
É pertencer ao Universo.

Ouvir

Ouvir verdadeiramente
Olhando nos olhos
Tocando
Com profunda abertura...
O segredo da prece é a certeza de que Alguém nos ouve
O mistério da ternura é "sentir-se ouvido"
É a profundidade do mistério do Amor
É o acolhimento incondicional: a Compaixão.

O olhar maduro

Neste ano de 2001 ministrei um curso de pós-graduação no qual os alunos eram mais maduros, com média etária entre trinta e quarenta anos.

Vou transcrever trechos do depoimento de uma mulher casada e mãe de dois filhos, com relação ao exercício "olhar-se no espelho":

> A experiência no começo foi um pouco difícil e embaraçosa. Tive a sensação de que alguém me olhava, não eu mesma. Mas, a cada dia que praticava, a sensação ficava diferente. Com o passar dos dias fui me envolvendo com o meu próprio olhar. Era como se mergulhasse mais fundo. Como se eu estivesse diante de um imenso rio, não soubesse nadar, mas fosse obrigada a entrar nele. Então fui entrando aos poucos... aprendendo a me mexer e até a me virar na água.
>
> Essa sensação foi muito boa. Aprender a nadar era como conseguir olhar no espelho sem fugir do próprio olhar. Comecei a me ver de outra maneira. Uma "A..." que ainda não conhecia e que me completou ainda mais.
>
> Ruy, sinto que é preciso se olhar sempre, pois no espelho consegui ver muito além das marquinhas deixadas pelo tempo. Foi algo maravilhoso. Como conseguir a chave que dá acesso a tudo de mais puro e

sagrado em mim; onde se encontram até mesmo muitas respostas para me ajudar e me orientar.

Outro ponto que descobri também é que a gente passa a se gostar mais e a ter mais segurança no que faz, tudo isso, creio, por se conhecer um pouquinho mais.

A partir daí comecei a olhar mais os meus alunos e a me preocupar mais com seu estado de espírito e sua formação, não apenas intelectual, mas social, espiritual e psicológica. Passei a amá-los ainda mais. Aprendi que a lição mais importante é o "amor". (A.L.P.B. – Mestrado, Fac. Est. Paraná)

Transcrevi apenas alguns trechos do depoimento, que revela a importância desse exercício para nos apossarmos do "fio de Ariadne" e sair do labirinto...

E após a descoberta de nós mesmos, vem a busca do Outro, neste caso, os seus alunos, a sua família...

Na verdade, enquanto o ser humano não se desvenda a si mesmo; enquanto não perceba que há algo além de músculos, sangue e tecidos em seu olhos, ou seja, que há "alguém" olhando pelos seus olhos, a iniciação ao autoconhecimento é impossível. Bem diz o senso comum que os olhos são o "espelho da alma".

É importante frisar que não se trata apenas de uma "crença" numa dimensão transcendente ou espiritual, mas sim de um "saber-se" com tal dimensão.

Percebo que a partir dessa consciência o caminhar pela vida torna-se uma experiência de crescente alegria por estar vivo!

Jung em sua obra *Presente e futuro* assim diz:

> A transformação espiritual da humanidade ocorre de maneira vagarosa e imperceptível, através de passos mínimos no decorrer de milênios, e não é acelerada ou retardada por nenhum tipo de processo racional de reflexão e, muito menos, efetivada numa mesma geração.

Todavia o que está ao nosso alcance é a transformação dos indivíduos singulares, os quais dispõem da possibilidade de influenciar outros indivíduos igualmente sensatos de seu meio mais próximo e, às vezes, do meio mais distante. Não me refiro aqui a uma persuasão ou pregação, mas apenas ao fato da experiência de que aquele que alcançou uma compreensão de suas próprias ações e, desse modo, teve acesso ao inconsciente, exerce, mesmo sem querer, uma influência sobre o seu meio.

Esta colocação de Jung reflete bem o comportamento de alguém que, como no caso de minha aluna com o exercício do olhar, tem acesso ao inconsciente e passa a influir no seu meio; no caso, seus alunos e sua família.

Assim como Jung, penso que se trata de uma lenta mas profunda transformação espiritual.

Acredito mesmo que o avanço de hoje na área educativa depende da possibilidade de desenvolver o autoconhecimento dos educadores, para tornar possível a transformação espiritual.

Em outras palavras, a iniciação ao universo espiritual deixa hoje de ser privilégio de grupos ditos religiosos, para se fazer presente no processo educativo, como foi, aliás, profetizado por Rudolf Steiner e hoje vivenciado pela Pedagogia Waldorf.

Poeticamente, eu diria:

Há uma ação universal
Que se perde no tempo
Que converge para a união
Dos átomos, células, tecidos...

É a matéria que se organiza
Ganha forma
Manifesta-se
Cada vez numa maior integração

As transformações ocorridas no caminho da união
São inexoráveis
Cada vez de maior complexidade
Em suas formas e funções

Surge o Homem
Com incrível complexidade orgânica
Com a desafiadora capacidade que nasce
    da consciência crítica:
O saber-se vivo!

As transformações começam a ser conduzidas conscientemente
As formas começam a ganhar nova beleza com o gesto humano
A alegria, a harmonia e a paz podem resultar
Dessa nascente consciência...

Há uma condição para essa convergência de "mais vida".
O voltar-se, dessa nascente consciência, para o sentido
    profundo de sua própria vida...
O sentido de sua integração, desde o microcosmo
Até a dimensão plena do Universo.

Esse voltar-se ao "Quem sou eu?"
Leva-o ao mistério da transcendência
Mistério de Luz e Amor
Que busca convergir de forma sincrônica, com
    o movimento de integração universal.

Assim, o Caminhar da Humanidade
Passa pela sutil descoberta do si-mesmo
Que abrirá as portas da percepção
Do sentido da existência.

Ruy Cezar do Espírito Santo formou-se advogado pela Faculdade de Direito da Universidade de São Paulo, mas escolheu a prática de educador, conforme relata em um episódio deste livro.

É mestre em Educação, pela PUC-SP, e doutor em Filosofia da Educação, pela Unicamp.

Lecionou para o 1º e 2º graus no período de 1968 até 1982, nos colégios Nossa Senhora do Sion, Rainha da Paz e Oswald de Andrade.

A partir de 1970 passou a lecionar em universidades, nos cursos regulares da PUC-SP, da Anhembi-Morumbi e da FAAP; e nos cursos de extensão e pós-graduação de diversas instituições.

Tem participado como conferencista de inúmeros congressos e seminários sobre Educação em todo o Brasil.

É co-autor de vários livros e tem duas obras suas publicadas: *Pedagogia da tangressão* – 1996 e *Renascimento do sagrado na Educação* – 1998, ambos da Editora Papirus.

Exerceu o cargo de vice-reitor comunitário da PUC-SP de 1992 a 1994.

Impresso em off set

Rua . Clark , 1 3 6 - Moóca
03167-070 - São Paulo - SP
Fo n e f a x : 6 6 0 5 - 7 3 4 4
E - MAIL - bookrj@terra.com.br

com filmes fornecidos pelo editor

―――――――――― dobre aqui ――――――――――

ISR 40-2146/83
UP AC CENTRAL
DR/São Paulo

CARTA RESPOSTA
NÃO É NECESSÁRIO SELAR

O selo será pago por

SUMMUS EDITORIAL

05999-999 São Paulo-SP

―――――――――― dobre aqui ――――――――――

HISTÓRIAS QUE EDUCAM

recorte aqui

CADASTRO PARA MALA DIRETA

Recorte ou reproduza esta ficha de cadastro, envie completamente preenchida por correio ou fax, e receba informações atualizadas sobre nossos livros.

Nome: _____ Empresa: _____
Endereço: ☐ Res. ☐ Coml. _____ Bairro: _____
CEP: ___-___ Cidade: _____ Estado: ___ Tel.: ( ) _____
Fax: ( ) _____ E-mail: _____
Profissão: _____ Professor? ☐ Sim ☐ Não Disciplina: ___ Data de nascimento: _____

1. Você compra livros:
☐ Livrarias ☐ Feiras
☐ Telefone ☐ Correios
☐ Internet ☐ Outros. Especificar: _____

2. Onde você comprou este livro? _____

3. Você busca informações para adquirir livros:
☐ Jornais ☐ Amigos
☐ Revistas ☐ Internet
☐ Professores ☐ Outros. Especificar: _____

4. Áreas de interesse:
☐ Psicologia ☐ Comportamento
☐ Crescimento Interior ☐ Saúde
☐ Astrologia ☐ Vivências, Depoimentos

5. Nestas áreas, alguma sugestão para novos títulos? _____

6. Gostaria de receber o catálogo da editora? ☐ Sim ☐ Não

7. Gostaria de receber o Ágora Notícias? ☐ Sim ☐ Não

Indique um amigo que gostaria de receber a nossa mala direta

Nome: _____ Empresa: _____
Endereço: ☐ Res. ☐ Coml. _____ Bairro: _____
CEP: ___-___ Cidade: _____ Estado: ___ Tel.: ( ) _____
Fax: ( ) _____ E-mail: _____
Profissão: _____ Professor? ☐ Sim ☐ Não Disciplina: ___ Data de nascimento: _____

Editora Ágora
Rua Itapicuru, 613   7º andar   05006-000   São Paulo - SP   Brasil   Tel (11) 3872 3322   Fax (11) 3872 7476
Internet: http://www.editoraagora.com.br   e-mail: agora@editoraagora.com.br

cole aqui